Jeff Kinley

Voll die Antihelden!

*Die Loser der Bibel
und ihre Message für uns*

BRUNNEN

VERLAG BASEL · GIESSEN

Bibliografische Information der Deutschen Bibliothek
Die Deutsche Bibliothek verzeichnet diese Publikation in der
Deutschen Nationalbibliografie; detaillierte bibliografische Daten sind
im Internet über http://dnb.ddb.de abrufbar.

Die Bibeltexte sind, soweit nicht anders angegeben, der revidierten
«Hoffnung für alle» (2002) entnommen.

Originally published in the U.S.A. under the title:
Losers Club
Copyright © 2005 by Jeff Kinley
Translation copyright © 2010 by Jeff Kinley
Published by permission of Zondervan, Grand Rapids, Michigan.

Übersetzung aus dem Amerikanischen:
Christian Rendel, Witzenhausen

© der deutschen Ausgabe 2010
by Brunnen Verlag Basel

Umschlag: Spoon Design, Olaf Johannson, Langgöns
Foto Umschlag: Shutterstock.de
Illustrationen: Zondervan, Grand Rapids, Michigan
Satz: InnoSet AG, Basel (Justin Messmer)
Druck: Aalexx, Großburgwedel
Printed in Germany

ISBN 978-3-7655-1471-5

Jeff Kinley
Voll die Antihelden!

Widmung

Dieses Buch ist Joel Owens gewidmet,
meinem besten Freund und Mit-Loser.

Danksagungen

Dank an Jay Howver und an die übrige Mannschaft bei Youth
Specialities, die das Potenzial dieses Projekts erkannten.
Einen riesigen Dank schulde ich meiner Frau Beverly für ihr
großes Geschick im Marketing und für ihre Hilfe dabei, das
Loser-Club-Konzept auf die Beine zu stellen. Dank an meine
drei Söhne, die immer bereit sind, mir Einsichten aus der
Teenagerperspektive zu liefern. Dankbar bin ich auch Doug
Davidson für seine kreative, fachkundige Analyse und für die
«Aufpeppung» meines Originalmanuskripts.

Inhalt

Einführung

Dies ist ein Buch *über* Loser *für* Loser.[1] Versteh mich jetzt nicht falsch. Ich will damit nicht sagen, dass du ein Loser bist. Das heißt, warte. Nein, ich nehme das zurück … ich gebe zu, das *will* ich damit sagen. Ich behaupte tatsächlich, dass du ein «Loser» bist. Aber ehe du jetzt beleidigt bist und das Buch zurück ins Regal stellst oder das Kaminfeuer damit anzündest, lass mich erst einmal erklären.

Während der letzten beiden Jahrzehnte habe ich mich mit einer Reihe von Jungs und Mädels angefreundet, die in ihrem Leben ziemliche Loserphasen durchgemacht haben. Bei manchen waren es Zweifel, die ihnen zu schaffen machten – Zeiten, in denen sie sich fragten, was Gott da oben in seinem Himmel eigentlich vorhatte (oder ob er *überhaupt* etwas vorhatte!). Andere erlebten Situationen, in denen sie auf spektakuläre Weise scheiterten – und zwar so, dass alle es mitkriegten. Wieder andere wurden als «Loser» etikettiert, weil nichts Besonderes an ihnen war. Sie verdienten keine Millionen, wurden nicht berühmt und hinterließen keine Spuren in ihrer Generation. Sie waren einfach nur Leute. Doch sie gehörten alle zu einer ganz besonderen Gruppe, ähnlich einer Studentenverbindung. Nur dass es sich dabei um eine Verbindung des *Glaubens* handelt.

Ein «Loser-Club».

Nun hat dieser spezielle Club keinen offiziellen Treffpunkt. Kein Hauptquartier. Keinen Jahresbeitrag. Kein besonderes Ritual bei der Begrüßung per Handschlag. Kein Wappen oder Logo. Dabei hat er durchaus jede Menge Mitglieder. Nur schon dadurch, dass man seinen Alltag lebt, kommt man in diesen Club hinein. Um die Geschichten seiner Gründungsmitglieder kennenzulernen, musst du nur in deine eigene Bibel hineinschauen. Auf ihren Seiten findest du die Männer und Frauen, die sich als Erste in die imaginäre Mitgliederliste des Clubs

---

1 Im Gegensatz zur weit verbreiteten Meinung schreibt sich Loser – Verlierer («to lose» = verlieren) tatsächlich nur mit einem «o». «To loose something» heißt dagegen: etwas lösen, aufbinden, losmachen, befreien.

eintrugen – mit ihren eigenen Sünden, Zweifeln, Misserfolgen und Fehlern. Würdest du dir nur bestimmte Szenen aus ihrem Leben anschauen, so kämst du vielleicht zu dem Schluss, dass sie Dauerloser waren – voll die Antihelden eben. Aber schau dir den ganzen Film an, und du wirst sehen, wie ein Zweifler schließlich doch glaubt, wie ein Fußlahmer schließlich doch überwindet und wie ein unbekannter «Niemand» schließlich doch noch einen Platz in der Weltgeschichte findet – und in der Geschichte Gottes.

Manchmal ist es schwierig, diese biblischen Figuren zu verstehen oder zu begreifen, wie sie sich verhalten haben ... oder warum sie nicht getan haben, was sie hätten tun sollen. Schwierig ist es auch deshalb, weil sie in einer anderen Zeit und einer anderen Gegend der Welt lebten, Tausende von Kilometern und Jahren von uns entfernt.

Aber genau deshalb habe ich dieses Buch geschrieben – um diese Kluft für dich zu überbrücken. Gemeinsam werden wir diesen Heiligen den Heiligenschein vom Kopf nehmen und dafür sorgen, dass sie uns nicht zu heilig vorkommen, als dass wir ihnen nacheifern könnten, oder zu antik, als dass wir sie verstehen könnten. Wir werden sehen, dass sie *ganz normale Leute* waren ... genau wie wir (Jakobus 5,17). Jeder von ihnen hatte mit Sünden, Zweifeln und Versagen zu kämpfen. Bisher ist mir noch kein Jugendlicher begegnet, der diesen Feinden nicht auch schon ins Gesicht gestarrt hätte. Und deshalb wirst du vielleicht entdecken, dass du eine ganze Menge mit diesen Leuten gemeinsam hast.

Voll die Antihelden! wird dir helfen, ein paar wichtige Dinge zu tun. Erstens wirst du in der Lage sein, dich (vielleicht erstmals) mit biblischen Persönlichkeiten zu *identifizieren*, besonders im Blick auf die Glaubensschwierigkeiten, die wir alle hin und wieder haben. Zweitens wirst du *ermutigt* werden durch diejenigen, die zwar manchmal versagten, aber es dennoch schafften, über schwierige Umstände hinauszuwachsen, zu überleben und Erfolg zu haben. Drittens wirst du *inspiriert* werden durch das Leben, die Taten und die Beispiele einiger nicht so bekannter Figuren aus dem Wort Gottes.

Dieses Buch entstaubt zwölf biblische Charaktere, lässt sie aus den Seiten der Schrift heraustreten und in das Wohnzimmer deines Denkens hineintreten. *Voll die Antihelden!* zeigt nicht nur, wie menschlich diese biblischen Gestalten waren, sondern auch wie menschlich unser eigenes Leben ist. Das Buch bringt unsere Pilgerreise mit der Reise dieser Leute in Verbindung und erinnert uns daran, dass Zweifel und Versagen ein ganz normaler Teil des Reifungsprozesses sind.

Voll die Antihelden! lädt dich ein, dir ein neues Bild von einigen bekannten Persönlichkeiten der Bibel zu machen, und wird dir zugleich noch weitere Gestalten vorstellen, deren Geschichten du vielleicht noch nie gehört hast. Dabei wirst du entdecken, dass die Fragen, die wir heute an Gott richten, dieselben sind, die auch große Männer und Frauen der Vergangenheit schon gestellt haben. Ist Gott gut? Ist er da? Interessiert er sich für mich? Ist sein Zeitplan perfekt? Wie überwinde ich mein Versagen und meine Schwierigkeiten? Wie kann ein ganz normaler Mensch wie ich etwas bewirken?

In diesem Buch wirst du entdecken, dass Gott gerade mitten in deinen Schwierigkeiten wirklich zu finden ist. Du wirst lernen, dass es okay ist, ein Verlierer und ein Loser zu sein. (Vielleicht fängst du sogar an, den Spitznamen zu mögen.) Und du wirst merken, dass du dein Leben nur dadurch wirklich finden kannst, indem du es «verlierst».

Dies ist ein Buch für alle, die schon oftmals in ihrem Leben ein Spiel verloren haben. Zum Loser-Club zu gehören bedeutet einfach nur, dass du nicht immer alles in deinem Leben «hingekriegt» hast. Es bedeutet, dass du von Kämpfen oder Misserfolgen der Vergangenheit die eine oder andere Narbe zurückbehalten hast. Es bedeutet, dass du immer noch von Zeit zu Zeit zu kämpfen hast, so wie wir alle. Es bedeutet, dass die Geschichten und Lebensläufe anderer, die sich abgemüht haben, zu den Leuten zu werden, die Gott aus ihnen machen wollte, dich ermutigen und motivieren können. Es bedeutet, dass etwas in dir einfach nicht aufgeben will, bis du über die Ziellinie bist.

Wenn diese Beschreibung zu dir passt, dann: Willkommen

im Club! Du bist dabei, in deinem Leben mit Gott ein ganz neues Kapitel aufzuschlagen.

Dein Mit-Loser

Jeff Kinley
Little Rock, Arkansas, USA

PS: Hoffentlich macht es dir nichts aus, dass ich dich Loser genannt habe. Sorry …

SECTION

Berühmte Zweifler:
Identifikation mit den
Fußlahmen der Bibel

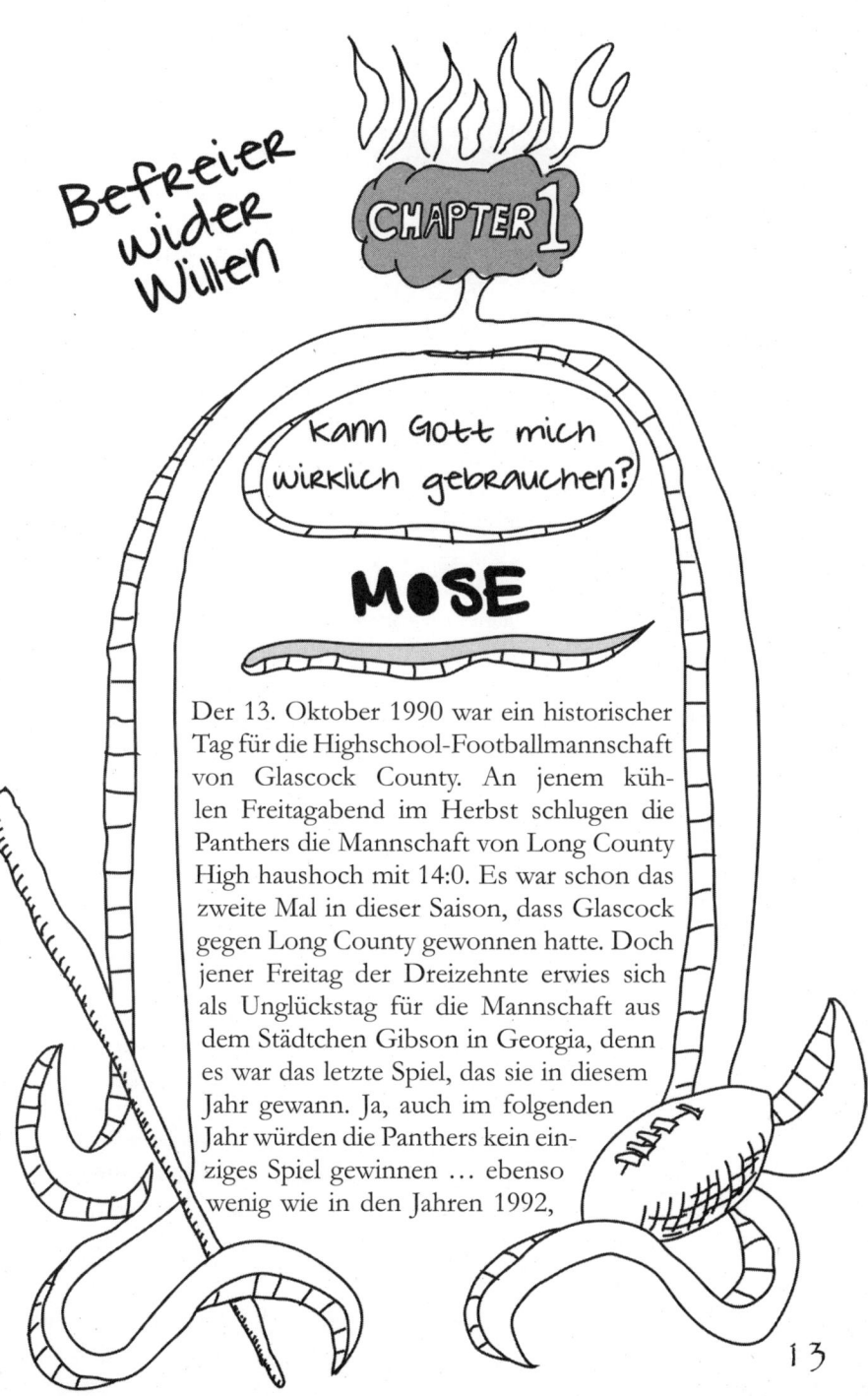

Befreier wider Willen

CHAPTER 1

kann Gott mich wirklich gebrauchen?

MOSE

Der 13. Oktober 1990 war ein historischer Tag für die Highschool-Footballmannschaft von Glascock County. An jenem kühlen Freitagabend im Herbst schlugen die Panthers Mannschaft von Long County High haushoch mit 14:0. Es war schon das zweite Mal in dieser Saison, dass Glascock gegen Long County gewonnen hatte. Doch jener Freitag der Dreizehnte erwies sich als Unglückstag für die Mannschaft aus dem Städtchen Gibson in Georgia, denn es war das letzte Spiel, das sie in diesem Jahr gewann. Ja, auch im folgenden Jahr würden die Panthers kein einziges Spiel gewinnen … ebenso wenig wie in den Jahren 1992,

1993, 1994, 1995, 1996, 1997 oder 1998. So begann die längste Pechsträhne in der Geschichte des Highschool-Footballs in Georgia.

Saison für Saison rackerten sich die Panthers ab, doch sie verloren ein Spiel nach dem anderen. Da auf der ganzen Highschool nicht einmal hundert Jungen waren, gab es keine große Auswahl an Talenten. Dennoch gaben alle fünfzehn Spieler jeden Freitagabend alles, was sie hatten. Nur war das leider nicht genug. Da die meisten Jungen sowohl Angriff als auch Verteidigung spielten, hatten sie einfach nicht genug Kraft in ihren jugendlichen Körpern, um ihren Gegnern etwas entgegensetzen zu können. Sie brachten einfach keinen Sieg zustande.

Die Strähne zog sich über 87 verlorene Spiele hintereinander hin.

Nun stell dir vor, Mose könnte durch eine wundersame Zeitreise aus der Bibel herauskommen und nach einer dieser katastrophalen Niederlagen in die Umkleide der Panthers hineinspazieren. Vielleicht würde er sich auf die Bank setzen, jedem der Jugendlichen in die Augen sehen und sagen:

«Jungs, ich weiß genau, wie ihr euch fühlt.»

Sicher erinnerst du dich an Mose. Das ist derjenige, der Israel vom Pharao befreite, die Zehn Gebote empfing, dem die ersten fünf Bücher der Bibel zugeschrieben werden und der vierzig Jahre lang mutig ein ganzes Volk anführte, bis er es schließlich zum verheißenen Land gebracht hatte. Wenn das der Mose ist, an den du dich erinnerst, dann hat dich dein Gedächtnis nicht im Stich gelassen.

Aber das war nur der «öffentliche Mose», das Image, das sein Agent vielleicht einem befreiungsbedürftigen Volk als potenziellem Kunden angepriesen hätte. Das ist das offizielle Porträt. Die Hochglanzaufnahme sozusagen.

Es gibt auch einen anderen Mose. Derselbe Mann, nur in einer anderen Phase seines Lebens. Wir kennen seine berühmten Heldentaten, Erfolge und Leistungen, aber was ist mit den Dingen, die er vergeigt hat, mit seinen Misserfolgen und Enttäuschungen?

Ist es wirklich denkbar, dass der Befreier Israels sich mit einer Gruppe von Highschooljungen identifizieren könnte? Ist es wirklich möglich, dass Mose sich mit uns identifizieren könnte, wenn wir selbst Schwierigkeiten haben, zweifeln und versagen? Hatte Mose je eine Pechsträhne? Schauen wir uns diese überlebensgroße Gestalt der Bibel einmal genauer an.

Background-Check

Mose wurde in einer schwierigen Zeit der Geschichte seines Volkes geboren; einer Zeit, in der über eine Million hebräischer Sklaven in Ägypten lebten. Angesichts so vieler Sklaven in seinem Land wurde der Pharao, der ägyptische Herrscher (möglicherweise Thutmosis I. oder für uns kurz «König Tut»), ziemlich nervös. Besorgt über einen möglichen Sklavenaufstand ließ er sich einen heimtückischen Plan einfallen, um alle männlichen Neugeborenen zu töten. (Netter Kerl, was?) «Schmeißt sie einfach in den Fluss», befahl er. Doch der gewiefte Plan hatte einen Haken. Die jüdischen Hebammen, die bei den Geburten halfen, fürchteten Gott nämlich mehr als alle irdischen Herrscher, und deshalb nahmen sie die neugeborenen Kinder in Schutz. Es war die erste Lebensrechtsbewegung der Welt.

Gott segnete diese Frauen dafür, dass sie ihn auf diese Weise ehrten, und die jüdische Bevölkerung wuchs weiter an. Eines jener Kinder war der Sohn einer Frau namens Jochebed. Nachdem sie die Geburt des Jungen drei Monate lang verheimlicht hatte, konnte sie ihn nicht länger verstecken. Deshalb traf diese Mutter eine schwere Entscheidung. Sie flocht einen Binsenkorb, legte ihr Baby hinein und setzte den Korb am Ufer des Nils aus, in der Hoffnung, jemand würde ihren Sohn finden.

Und so geschah es auch.

Durch «Zufall» fand ausgerechnet die Tochter des Pharaos den Korb, als sie gerade im Fluss badete. Aus Mitleid mit dem Kind nahm sie es zu sich und begann es als einen Ägypter großzuziehen.

Von den nächsten vierzig Jahren des Mose ist wenig bekannt, doch in der Apostelgeschichte lesen wir: «Mose wurde in allen Wissenschaften der Ägypter gründlich ausgebildet, und alles, was er sagte oder tat, brachte ihm hohes Ansehen» (Apostelgeschichte 7,22). Mit anderen Worten, Mose erhielt die beste Ausbildung, die für Geld zu bekommen war. Eine ägyptische Bildung umfasste das Studium der Hieroglyphen, der Mathematik, der Naturwissenschaft, der Medizin, der Astrologie, die Lehren der ägyptischen Religion und die Traumdeutung. Mose sprach vermutlich mehrere Sprachen und hatte alle Aussichten auf einen einflussreichen Regierungsjob in der mächtigsten Nation der Welt. Er war tatsächlich der «Prinz von Ägypten».

Midlife-Mörder

Später jedoch machte sich eine Rastlosigkeit im Innern dieses hebräischen Traummannes breit. Vielleicht war es eine Midlifecrisis; jedenfalls wollte Mose etwas über seine jüdische Herkunft und Identität erfahren. Da er ein starkes Band zu seinem Volk empfand, kam er zu dem Schluss, lieber ein jüdischer Landarbeiter als ein Erbe ägyptischer Reichtümer sein zu wollen. Der Pharao muss Mose für übergeschnappt gehalten haben. Wie konnte er so etwas nur tun, nach allem, was Ägypten für ihn getan hatte? Nur auf eine einzige Weise:

Durch Glauben.

Mose setzte alles, was er hatte, auf die Gotteskarte, und beschloss, sich nach seinem Instinkt zu richten statt nach dem Reichtum des Pharaos.

> Auch *Mose* vertraute Gott. Denn als er erwachsen war, weigerte er sich, noch länger als Sohn der Pharaonentochter zu gelten. Lieber wollte er gemeinsam mit Gottes Volk Unterdrückung und Verfolgung erleiden, als für kurze Zeit das gottlose Leben am Königshof zu genießen. Für ihn waren

alle Schätze Ägyptens nicht so viel
wert wie Schimpf und Schande, die
er für Christus auf sich nahm. Denn
er wusste, wie reich Gott ihn belohnen würde. *(Hebräer 11,24–26)*

«Alle Schätze Ägyptens» waren ihm weniger
wert als das. Hallo? Mose, ist dir eigentlich
klar, was du da aufgibst? Denk doch nur, was
du als einflussreicher ägyptischer Politiker alles
für dein Volk tun könntest. Das alles willst du
wegwerfen für ein Leben als Sklave? Wo ist da die
Logik?

So tauschte Mose sein kühles, sauberes, behagliches
Zimmer im Palast des Pharaos gegen eine schwitzig-
heiße, dreckige Lehmhütte ein. Üppige Festmahle,
Diener, Privilegien, Popularität und Vergnügen,
das war nun alles von gestern. Vergangenheit.
Geschichte. Keine Plaudereien mehr mit
Staatsoberhäuptern. Schluss mit Luxus, Zerstreuung und an-
genehmer Lebensart. Von jetzt an traten die Behausungen des
Hebräerviertels an die Stelle seiner schönen Aussicht auf die
Pyramiden. Und stell dir vor, das alles gab er her für ein vages,
fast vergessenes Versprechen, das Gott Jahrhunderte zuvor
Moses Ahnherrn Abraham gegeben hatte.

Alle Völker der Erde werden mich bitten, sie so zu
segnen, wie ich dich segnen werde. *(1. Mose 22,18)*

Mose hatte alles, aber er gab es auf, weil er glaubte, Gott würde
durch die Juden eines Tages das Heil herbeiführen.

Manche würden ihn vielleicht einen Loser nennen, weil er
ein solches Risiko einging.

Eines Tages sah Mose, wie einer seiner hebräischen Landsleute von einem Ägypter geschlagen wurde, und da raste-
te etwas in ihm aus. Er stürzte sich auf den Mann wie ein
Wüstenskorpion, schlug ihn in seiner Wut tot und vergrub den

17

Leichnam rasch im glühend heißen Sand. Leider wurde dem Pharao von dem Mord berichtet, und ein Suchtrupp wurde losgeschickt. Falls Mose erwischt würde, stünde ihm ein qualvoller Tod bevor ... zum Beispiel, indem man ihn mit Tausenden von fleischfressenden Käfern begraben hätte. Aber gehen wir da lieber nicht zu sehr in die Einzelheiten, okay?

Nachdem nun ein Kopfgeld auf ihn ausgesetzt war, floh Mose nach Midian, das ein paar Hundert Meilen entfernt lag. Nach seiner langen Reise stillte der vierzigjährige Flüchtling seinen Durst an einem Wüstenbrunnen (2. Mose 2,15). Ein paar Frauen kamen auch an den Brunnen, wurden aber von einheimischen Hirten verscheucht. Mose stellte sich schützend vor die Frauen und jagte die Männer davon. Und um sich für diese Tat zu bedanken, gab Jitro (auch: Reguël), der Vater dieser Frauen, sogleich seine Tochter Zippora dem Mose zur Frau. Außerdem verschaffte Jitro Mose einen Job als Schafhirte. Das würde nicht das letzte Mal sein, dass ein Mann für seinen Schwiegervater arbeitete.

Nun war also Mose, einst Ziehsohn des Pharaos, vom Superreichtum über Lehmhütten über einen Mord bis zu niederer Arbeit herabgesunken. Sein Traum, wieder ein Jude zu werden, hatte eine unerwartete und unangenehme Wendung genommen.

Spulen wir vierzig Jahre vor. Immer noch brennt die Sonne auf den Wüstensand herab. Immer noch leiden die Juden in Ägypten, und immer noch arbeitet Mose für Jitro (die Aufstiegsmöglichkeiten in der Schafhirtenbranche sind eher gering). Inzwischen muss es Mose so vorgekommen sein, als ob die Macht und die Chancen, die er in Ägypten gehabt hatte, zu einem anderen Leben gehörten. Achtzig Jahre war er nun alt, und was hatte er vorzuweisen? Er ist ein Senior, der in einem Zelt in der Wildnis wohnt. Wohl kaum eine Erfolgsstory; eher ist er zum Paradebeispiel für Abwärtsmobilität geworden.

Inzwischen könnte er längst im Ruhestand sein und seinen Enkelkindern Eistüten spendieren. Stattdessen sitzt er hier hinter dem Mond und hütet einen Haufen blöder, stinkender Tiere.

Ich würde sagen, Mose hatte eine Pechsträhne.

Aber manchmal muss Gott uns eben brechen, bevor er uns gebrauchen kann, und dazu benutzt er oft schmerzliche Lebensumstände. Vielleicht weißt du, wovon ich rede. Vielleicht hast du schon einmal gegen jemanden verloren, der dir eigentlich unterlegen war, oder bist aus der Mannschaft ausgeschlossen, von deiner Freundin oder deinem Freund sitzen gelassen oder von einem Elternteil abgelehnt oder verlassen worden. Im Leben verliert man manchmal. An manchen Tagen kann es einem so vorkommen, als lohnte es sich gar nicht erst, aus dem Bett zu kriechen.

Du kannst also vielleicht verstehen, wie es sich anfühlt, ein Loser zu sein. Gerade in solchen Situationen gibt man dann endlich auf, legt seinen Stolz ab und übergibt alles an Gott. Jetzt verzieht sich der Nebel aus deinem Hirn, dein Blick wird klar, und dein Herz startet neu. Es ist Zeit, wieder etwas vom Himmel zu hören, und du bist bereit. Du bist endlich demütig.

An diesem Punkt steht Mose. Dort in der Wüste hatte er vierzig Jahre Zeit zum Nachdenken, und diese Isolation tat ihm gut, denn sie bereitete ihn auf den entscheidenden Moment seines Lebens vor.

Da ist was im Busch!

Es war ein Tag wie jeder andere für Mose. Aufwachen. Anziehen. Frühstücken (ein Glas Ziegenmilch, Rühreier, kein Speck). Küsschen für die Frau und die Kinder, und dann ab zu den Schafen. Und da es die Aufgabe eines Schäfers ist, grünes Weideland für seine Schafe zu finden, führte Mose seine Herde zu einer grasbewachsenen Stelle an einem Berghang (der zu demselben Berg gehörte, den er später erklimmen würde, um die Zehn Gebote zu empfangen). Mose setzte sich

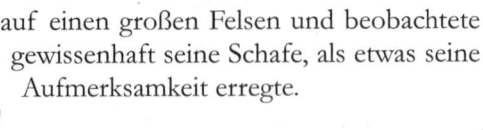

auf einen großen Felsen und beobachtete gewissenhaft seine Schafe, als etwas seine Aufmerksamkeit erregte.

Dort erschien ihm der Engel des Herrn in einer Flamme, die aus einem Dornbusch schlug. Als Mose genauer hinsah, bemerkte er, dass der Busch zwar in Flammen stand, aber nicht niederbrannte.

«Merkwürdig», dachte Mose, «warum verbrennt der Busch nicht? Das muss ich mir aus der Nähe ansehen.»

Der Herr sah, dass Mose sich dem Feuer näherte, um es genauer zu betrachten. Da rief er ihm aus dem Busch zu: «Mose, Mose!» «Ja, Herr», antwortete er. *(2. Mose 3,2–4)*

Okay, stell dir diese Szene vor: Da steht ein Busch in Flammen. Nichts Besonderes, wenn man bedenkt, dass es in der Wüste ziemlich heiß wird. Aber das ist kein gewöhnlicher Buschbrand. Dieser brennende Busch verbrennt nicht! Offensichtlich widerspricht dieses Phänomen den Naturgesetzen; hier geht etwas ausgesprochen *Un*natürliches vor.

Neugierig geht Mose näher heran, und jetzt wird die Sache noch bizarrer. Der Busch fängt an zu reden! Ein sprechender Busch? Diese Multimedia-Demonstration überzeugte Mose davon, dass er sich in der Gegenwart des Allmächtigen befand. Das hier war keine von den fiktiven Gottheiten des Pharaos. O nein. Hier haben wir es mit GOTT zu tun ... DEM Gott des Universums. Dem Schöpfer. Dem Meister. Dem Gott Abrahams, Isaaks und Jakobs. Dem wirklichen und wahren Gott.

Also doch kein Tag wie jeder andere.

Zweimal rief Gottes Stimme aus dem brennenden Busch.

«Mose, Mose!» Und da keines von seinen Schafen Mose hieß, antwortete der Schäfer. Hättest du es nicht genauso gemacht?

«Ja, Herr.»

Mose war wie gebannt. Ich meine, an so einem Ort würde man doch als Letztes damit rechnen, Gott zu begegnen! Weit und breit kein Palast, kein Tempel, kein Tabernakel und keine Kirche. Kein Chor, keine Musik, keine Orgel. Keine Kanzeln, keine Prediger oder Kirchenbänke. Nur Felsen, der Berg und der Sand. Ein Heiligtum mitten in der Wildnis.

> «Komm nicht näher!», befahl Gott. «Zieh deine Sandalen aus, denn du stehst auf heiligem Boden! Ich bin der Gott deiner Vorfahren, der Gott Abrahams, Isaaks und Jakobs.» Mose verhüllte sein Gesicht, denn er hatte Angst davor, Gott anzuschauen. *(2. Mose 3,5–6)*

Mose tat genau das, was jeder tun würde … er zitterte vor Angst. *Gott* war hier! Traumatisiert von der Gegenwart dessen, der die Berge erbeben lässt und dem Donner und den Blitzen gebietet (2. Samuel 22,8–15), verhüllte der Schafhirte sein Gesicht, denn er war sich seiner Sündhaftigkeit völlig bewusst. Gottes Herrlichkeit durchdrang Moses Herz wie Röntgenstrahlen und brachte jeden Charakterfehler, jeden moralischen Mangel und jede menschliche Unvollkommenheit zum Vorschein. Und das brachte Mose auf die Knie.

Genau dahin, wo Gott ihn haben wollte.

Der Herr war an diesem Morgen nicht in der Wüste erschienen, um Mose zu *verurteilen*. Sondern er war da, um ihn zu *rufen*. Oft stellen wir uns Gott als einen himmlischen Wachtmeister vor, der uns rechts herauswinkt, um uns ein Knöllchen zu verpassen. Doch viel häufiger bittet Gott uns

um unsere Hilfe, um seinen Willen zu verwirklichen. So war es auch bei Mose. Gott übertrug ihm die Aufgabe, die Hebräer aus ihrer vierhundertjährigen Versklavung und Unterdrückung zu befreien (2. Mose 3,7–10). Und während der verbannte Jude diese Aufmerksamkeit Gottes sicherlich genossen haben dürfte, muss dieser kleine Satz «Ich sende *dich*» ein ziemlicher Schocker für ihn gewesen sein. Zumindest scheint es so, denn Mose nannte daraufhin Gott fünf Gründe, warum er für diesen Job der ungeeignetste Kandidat auf der ganzen Welt sei. Aber in Wirklichkeit sind das alles nur Ausreden von einem Mann, der sich selbst für einen Loser hält.

Loser-Ausrede Nr. 1

«Ich bin ein Niemand. Warum sollten sie auf mich hören?»

«Ich soll zum Pharao gehen und die Israeliten aus Ägypten herausführen? Wer bin ich schon?» *(2. Mose 3,11)*

Mose geht von «*Hier* bin ich, Herr» in Vers 4 über zu «*Wer* bin ich, Herr?» in Vers 11. «Komm, Herr, sieh mich doch an!», sagt er. «Ich bin auf der Flucht vor dem Gesetz! Ein Mörder, Menschenskind, ein achtzigjähriger Schafhirte. Für diesen Auftrag brauchst du jemanden, der qualifiziert ist. Jemanden mit Erfahrung. Jemanden, der *jemand* ist. Nicht mich. Ich bin der größte *Niemand* diesseits des Nils!»

Mose begann seinen Protest, indem er sich selbst herunterputzte, in der Hoffnung, dadurch Gott davon zu überzeugen, von seiner schlechten Idee Abstand zu nehmen. Sein Argument fußt auf der Annahme, dieser Job sei nur für jemand «Wichtigen» geeignet. Doch auch wenn es naheliegend erscheint, dass Gott wohlhabende, intelligente, schöne, talentierte und einflussreiche

Leute für sein Reich einsetzen würde, scheint das doch nur selten der Fall zu sein. Wir denken: *Wow, wenn Michael Schuhmacher oder Bill Gates Christen wären, was könnten die nicht alles für Gott tun!* Aber Gott denkt offenbar nicht so. Er gebraucht am liebsten ganz gewöhnliche Leute, um seine Zwecke zu verfolgen (1. Korinther 1,26–29; 2. Korinther 4,7). Das heißt nicht, dass Gott niemals reiche oder mächtige Leute gebraucht. Es bedeutet nur, dass er nicht auf menschliche Möglichkeiten angewiesen ist, um seine Ziele zu erreichen. Er braucht lediglich bereitwillige Herzen. Wenn ein ganz gewöhnlicher Mensch eine Aufgabe von göttlichen Ausmaßen erfüllt, dann bekommt nur Gott die Ehre dafür. Und genau so gefällt es Gott.

«Es geht nicht darum, wen ich rufe», sagt der Herr. «Es geht darum, wer der Rufende ist.» Mose wird für diesen Auftrag nicht rekrutiert, damit er zu einer Legende werden kann. Es geht darum, dass Israel sich an *Jahwes* Namen erinnert, nicht an Moses.

«Der Zweck, zu dem ich die Israeliten aus Ägypten heraushole, ist, damit sie mich anbeten können», sagt Gott (2. Mose 4,22–23; 7,16; 8,16). Und Gott will, dass Mose weiß, dass er bei ihm sein wird (3,12). Mag sein, dass Mose ein «Niemand» ist. Mag sein, dass auch du ein Niemand bist. Aber Gott ist ein «Jemand»! *«Und das»*, sagt er, *«ist genug.»*

Netter Versuch, Mose. *Eins zu null für Gott.*

Loser-Ausrede Nr. 2

«Aber ich habe keine Vollmacht!»

Nach seinem vergeblichen ersten Versuch probierte Mose eine andere Methode. Er bat Gott, ihn von dieser gewaltigen Aufgabe zu entbinden, weil er nicht über politische Macht, gesellschaftlichen Einfluss oder eine angesehene Stimme im Volk verfügte.

Mose entgegnete: «Wenn ich zu den Israeliten komme und ihnen sage, dass der Gott ihrer Vorfahren mich zu ihnen gesandt hat, werden sie mich nach seinem Namen fragen. Was sage ich dann?»

Gott antwortete: «Ich bin euer Gott, der für euch da ist. Darum sag den Israeliten: ‹Ich bin für euch da› hat mich zu euch gesandt.» *(2. Mose 3,13–14)*

Gott antwortete ihm, Einfluss und Macht seien für den geistlichen Erfolg nicht nötig. Popularität ist nicht erforderlich, um andere für Gott zu beeinflussen. Unsere Zuversicht im Dienst für Gott beruht nicht auf unserem eigenen Ruf oder unseren Möglichkeiten, sondern auf Gott. Es geht nicht um den Boten, sondern um den, der die Botschaft sendet. Denk an den Unterschied zwischen einem Reklamebrief und einem Brief von einem Freund. Den einen wirfst du gleich in den Papierkorb, bei dem anderen kannst du gar nicht abwarten, ihn zu lesen. Den einen schiebst du von dir, den anderen verschlingst du sofort. Und was macht den Unterschied aus? Die Absenderadresse. Ein Brief von einem Freund ist uns sogleich wichtig. Der Absender bedeutet dir etwas, und deshalb liest du ihn gespannt.

Mose fühlt sich wie ein Reklamebrief. Was er braucht, ist eine «Absenderadresse», irgendetwas, das Israel davon überzeugt, dass seine Befreiungsbotschaft glaubwürdig ist. Im Grunde sagt Gott zu ihm: «Mein Name wird deine Absenderadresse sein, Mose. Du sagst den Leuten einfach, ‹Ich bin für euch da› habe dich geschickt; dann werden sie dir schon glauben.»

Jitros Schwiegersohn brauchte die klare Zuversicht, dass seine Botschaft aufgenommen werden würde. Jahwes Eigenname und Autorität würden ihm diese Gewissheit geben.

Zwei zu null für Gott.

Loser-Ausrede Nr. 3
«Aber ich bin nicht überzeugend!»

Okay, machen wir uns nichts vor. Mose war kein Weichei. Nach vierzig Jahren voller Hitze, Sandstürme und anderer Annehmlichkeiten des Wüstenlebens hatte er ein dickes Fell und war nicht so leicht aus der Fassung zu bringen. Diese Zähigkeit können wir beobachten, wenn er Gott mit allen möglichen Einwänden von seinem Vorhaben abzubringen versucht. Gott ging Wort für Wort und Argument für Argument auf alle Einwände Moses ein. Aber dadurch ließ Mose sich nicht bremsen. Sein nächstes Argument war: Selbst wenn er nach Ägypten zurückkehrte, würde er keinen *Beweis* dafür haben, dass Jahwe ihn gesandt hatte.

Nicht schlecht, Mose. Ich meine, woher sollten die Israeliten wissen, dass Mose die Wahrheit sagte? Schließlich kann jeder behaupten, er rede im Namen Gottes. Wie sollte Mose sie davon überzeugen, dass er ihr wahrer Befreier war und nicht nur ein Typ mit aufgeblasenem Ego? Woher sollten sie wissen, dass er ein Prophet war und kein Spinner? Sie mussten so etwas wie eine Beglaubigung zu sehen bekommen. Schließlich war es vierhundert Jahre her, dass sie das letzte Mal offiziell etwas von Gott gehört hatten. Mose würde gut daran tun, ihnen irgendeinen Beweis dafür zu liefern, dass er der war, der er zu sein behauptete.

Mit dieser Ausrede fühlte Mose sich ziemlich sicher. Schließlich hatte er nichts in der Hand außer einem *Stock*, oder? Mit seinem Hirtenstab konnte er vielleicht ein Raubtier verjagen, aber man stelle sich vor, was knapp zwei Millionen Leute sagen würden, wenn er auftauchte und tönte: «Gott hat mich zu euch geschickt! Zum Beweis schaut nur, was ich für einen coolen Zauberstab habe. Ich kann ihn herumwirbeln, werfen und auf dreißig Meter Entfernung einen Wolf damit treffen. Ich trete vielleicht leise auf, Freunde, aber ich habe einen mächtig GROSSEN STOCK!»

Da fragte ihn der Herr: «Was hast du da in der Hand?» «Einen Stab», erwiderte Mose.

«Wirf ihn auf den Boden!», befahl der Herr. Mose gehorchte, und sofort verwandelte sich der Stab in eine Schlange. Voller Entsetzen lief Mose weg.

Der Herr aber forderte ihn auf: «Pack die Schlange beim Schwanz!» Mose griff nach ihr, und sie wurde in seiner Hand wieder zum Stab.

Der Herr sagte: «Tu dies vor den Augen der Israeliten! Dann werden sie dir glauben, dass ich, der Herr, dir erschienen bin, der Gott ihrer Vorfahren, der Gott Abrahams, Isaaks und Jakobs.» *(2. Mose 4,2–5)*

Mose schmiss seinen Hirtenstab hin, und er verwandelte sich in eine Schlange, wahrscheinlich eine Kobra, so dass Mose um sein Leben rannte! Kein Wunder. Eine *Schlange!* Würdest du da nicht wegrennen? Doch Gottes Absicht war es hier, Moses Selbstvertrauen aufzupäppeln. Das war Teil seiner Schulung für den Einsatz. Mose hob die Schlange auf, und sie verwandelte sich durch ein Wunder zurück in seinen Stab. Gott gab Mose Wunderkräfte, damit er alle überzeugen konnte, dass er von Gott gesandt war.

Komische Sache. Mose hatte nichts als seinen erbärmlichen Stock, den abgegriffenen Stab, der ihm inzwischen zu einem alten Freund geworden war. Gott nahm seinen alten Freund und verwandelte ihn in einen Erweis seiner Macht. Wer hätte das gedacht?

Aus wenig wird viel, wenn Gott seine Hand im Spiel hat. Gib einem zehnjährigen Jungen einen Baseballschläger in die Hand, und er wird den Büschen im Garten Anstand einprügeln oder seinen kleinen Bruder davon überzeugen, seine Hausarbeiten zu erledigen. Gib denselben Schläger einem Major-League-Batter in die Hand, und er wird einen Ball in den Wolken verschwinden lassen. Es liegt nicht an dem Stock. Es liegt daran, wer den Stock in der Hand hat. Und hier liegt es nicht an dem Schafhirten. Es liegt an dem Hirten des Schafhirten. Wenn Mose Überzeugungskraft wollte, dann war Gottes Macht alles, was er brauchte, um seine jüdischen Landsleute und seine zukünftigen Feinde davon zu überzeugen, dass mit ihm zu rechnen war.

Drei zu null für Gott.

Loser-Ausrede Nr. 4

«Ich bin kein guter Redner!»

In unserem Land geht eine Krankheit um, an der sich früher oder später die meisten Jugendlichen anstecken. Ja, sie befällt Leute jeden Alters. Ohne Vorwarnung bricht sie herein. Die Symptome sind Schweißausbrüche, Schwindel, Übelkeit, Erbrechen, Panikattacken, Angstzustände, Zittern, Stottern, Mundtrockenheit, Appetitlosigkeit und 'ne Vielzahl weiterer undokumentierter Kennzeichen. Seit Jahrzehnten wird sie als die «größte Furcht der Amerikaner» bezeichnet – noch vor der Furcht vor Terrorismus, Tod und selbst Akne! Diese Krankheit lässt uns eine lähmende Panik die Wirbelsäule hinabkriechen.

Was für eine Krankheit könnte das sein? Vielleicht ein tödliches Virus? Eine neue Variante des Ebola-Virus? Eine Form von inoperablem Krebs oder eine ansteckende Krankheit? Nein. Bist du bereit? Mach dich auf etwas gefasst. Die allergrößte Angst der Amerikaner ist …

… öffentliches Reden.

27

Ob du es glaubst oder nicht, vor einer Gruppe von Leuten reden zu müssen, reicht aus, um die meisten von uns in einen emotionalen Sturzflug trudeln zu lassen. Vielleicht hast du diese Angst auch schon gespürt.

Der Gedanke, vor dem Pharao, dem furchterregendsten Menschen auf der Welt, eine Rede halten zu müssen, ließ Mose in der Wüstenhitze schlottern vor Angst. Also sagte er Gott, wie er darüber dachte. (Offenbar war öffentliches Reden auch die allergrößte Angst midianitischer Schafhirten!)

> «Ach Herr», entgegnete Mose, «ich bin noch
> nie ein guter Redner gewesen. Auch jetzt, wo
> du mit mir sprichst, hat sich daran nichts geän-
> dert. Ich rede nicht gerne, die Worte kommen
> mir nur schwer über die Lippen.» *(2. Mose 4,10)*

Seien wir nicht zu hart mit Mose. Die meisten professionellen Schafhirten haben nicht sehr viel Erfahrung mit eloquenten Vorträgen. Es ist eher unwahrscheinlich, dass Mose mit seinen Lämmern viele ausgedehnte und eingehende Unterhaltungen führte. Deshalb würde es nicht zu ihm passen, wenn er ein brillanter Redner gewesen wäre. Aber wir kennen ja seinen Lebenslauf, wenn du dich erinnerst. Wir wissen, dass er auf die besten Schulen Ägyptens gegangen war. Irren wir uns also nicht, dieser Schafhirte war keineswegs auch nur annähernd so dumm wie seine Schafe. Es war kein Zufall, dass Mose auf die «Universität von Ägypten» gegangen war. Der Herr hatte ihn zu einem bestimmten Zweck dort hingeschickt, nämlich unter anderem, damit er eine erstklassige Ausbildung erhielt. Und diese Ausbildung und dieses Wissen konnte Gott gebrauchen – genauso, wie er deine Talente und Gaben gebraucht.

Gott vergeudet nichts in deinem Leben. So war es auch bei Mose. Trotzdem ruft ihm Gott in Erinnerung: «Habe nicht ich, der Herr, den Menschen einen Mund gegeben? Kann ich sie nicht stumm oder taub, sehend oder blind machen? Geh jetzt! Ich bin bei dir und sage dir, was du reden sollst» (2. Mose 4,11–12).

«Entschuldige mal, Mose», scheint Gott zu sagen, «aber wer hat eigentlich die Menschen erfunden und die Sprache erschaffen? Wer hat den Mund gemacht, mit dem du mich jetzt gerade ausfragst? Mag sein, dass du denkst, du hättest lauter Knoten in der Zunge, aber keine Sorge, ich helfe dir schon. Ich kümmere mich um dich, wenn du den Pharao besuchst. Ja, ich werde dir sogar persönlich die Worte geben, die du sagen sollst.»

Genau die gleiche Verheißung gab Jesus viele Jahre später seinen Jüngern (Markus 13,11).

Die Wahrheit ist, wenn Gott auf deiner Seite steht, kann kein Gegner dir standhalten (Römer 8,31). Es ist egal, wie wenig redegewandt du bist. Solange du Gott *bei* dir und seine Wahrheit *in* dir hast, hast du alles, was du brauchst.

Doch obwohl es jetzt vier zu null gegen Mose steht, kapiert er es immer noch nicht. Offenbar hat er genauso viel Hornhaut auf dem Herzen wie an den Füßen, denn er stellt sich noch einmal ans Schlagmal und holt aus, um Gottes brandheißen Ball zurückzuschlagen.

Loser-Ausrede Nr. 5

«Such dir einfach jemand anderen, okay?»

Jahwes Logik und Autorität hatten alle Ausreden von Mose entkräftet. Mit seinem letzten Schuss greift Mose zu der einzigen Taktik, die ihm noch bleibt – dem Frontalangriff: «Doch Mose bat: ‹Herr, sende doch lieber einen anderen!› Da wurde der Herr zornig» (2. Mose 4,13–14).

Upps.

Gott hat endlich genug von Moses erbärmlichen Ausflüchten. Auf jeden seiner Einwände hin hat Gott klar seine Macht und Fülle gezeigt, so dass

Mose, so sollte man meinen, nichts anderes mehr übrig bleiben dürfte, als zu fragen: «Herr, wo muss ich mich einschreiben?» Aber wie es scheint, hat Mose seinen Kuli im Zelt vergessen. Das hier ist ein schlichter Fall von Unwillen und Ungehorsam. Du weißt es. Mose wusste es. Gott wusste es. Ach was, sogar die Schafe wussten es vermutlich! Und genau diese Halsstarrigkeit war es, die den Herrn wütend machte.

Gott gestand Mose zu, dass sein Bruder Aaron das Reden für ihn übernehmen durfte, obwohl Mose sich nicht allen seinen Redeverpflichtungen würde entziehen können (2. Mose 3,14–16). Unter dem Strich kam heraus, dass Mose gehorchen würde, so oder so. Wieder ein Punkt für Gott.

Keine Chance. Kein Treffer. Ein haushoher Sieg für Gott.

Gehen wir noch einmal einen Augenblick zurück zu diesem brennenden Dornbusch. Wenn du dir die Szene aus dem kühlen Schatten eines Felsens irgendwo in der Nähe anschaust, hast du vielleicht ein paar gute Ratschläge für Mose parat. Schließlich ist ja bekannt, dass man das Spiel von den Seitenlinien aus besser im Blick hat, oder? Angesichts dessen würdest du vielleicht den folgenden Ratschlägen zustimmen.

Nun komm schon, Mose. Spar dir die Zeit und den Ärger und gehorche Gott einfach, okay? Du weißt doch, dass du ihn nicht übertrumpfen kannst, also gib es schon auf, Mann. Genug ist genug. Gib nach und mach endlich hin.

Guter Rat, was? Aber damit wir uns nicht zu sehr über Mose erheben, versetzen wir uns mal in seine Sandalen, okay? Stell dir eine moderne Entsprechung zu Moses Klemme vor. Statt dass Gott dich aufruft, mit einer Botschaft von Jahwe ins Oval Office (oder ins Bundeskanzleramt) zu stürmen, denken wir uns mal eine alltäglichere Situation.

Du bist in der *Schule* und Gott ruft dich auf, für das Klassensprecheramt zu kandidieren. Kleinigkeit, oder? Vielleicht. Aber mach dir klar, dass du dafür vor der ganzen Klasse Reden halten musst. Das allein jagt dir vielleicht noch keine Angst ein, also versehen wir deinen Wahlkampf mit einer kleinen zusätzlichen Finesse. Sagen wir, Gott fordert dich auf, dich im Namen des Schülerbibelkreises zu bewerben. Und zu deiner Wahlkampfstrategie gehört, dass du dich persönlich mit jedem Schüler deiner Klasse triffst, um ihm deine Grundüberzeugungen zu erklären. Zögerst du jetzt ein wenig? Bist du schon Feuer und Flamme für deinen Auftrag?

Kommt es mir nur so vor, oder wird es ziemlich warm hier drinnen?

Wenn wir uns in Moses Lage versetzen, bewirkt das eine Reihe von Dingen.

Erstens vermittelt es uns *Verständnis* für sein Zögern an jenem Tag. Wir können nachfühlen, welche Furcht und welche Emotionen Mose damals spürte und wie unqualifiziert er sich fühlte. Stell dir das riesige Fragezeichen vor, das Mose vor seinem geistigen Auge gesehen haben muss, als er sich ausmalte, wie er vor dem Pharao stehen würde. «Aber Herr, ich bin kein Prediger.» Damit können wir uns identifizieren, oder? «Herr, du weißt besser als ich, dass ich einfach nicht das Zeug zum Klassensprecher habe.»

Zweitens *ermutigt* es uns, zu wissen, dass die biblischen Gestalten Leute wie wir waren. Sie waren nicht vollkommen; sie waren genau wie wir, mit allen ihren Ängsten und Schwächen. Und trotz ihrer Unzulänglichkeiten hat sich Gott zu ihnen gestellt.

Drittens ist es *tröstlich* zu wissen, dass Gott *immer* die Antwort ist, was immer wir auch nötig haben. Der Auftrag mag noch so unmöglich sein, wir haben einen Gott, der immer noch Wunder tut.

Also frag dich: «Wie hätte ich wohl in den Schuhen dieses Schafhirten reagiert?» Können wir so betrachtet vielleicht ein bisschen Nachsehen mit Mose haben?

Wusste ich's doch.

Vom Loser zum Leader

Den Rest der Geschichte kennst du. Mose richtet dem Pharao die Botschaft Gottes aus und verlangt, der Pharao möge die

Hebräer freilassen. Ich muss dir nicht erzählen, dass diese Forderung einschlug wie eine Bombe. Die Freilassung der Hebräer hätte den Handel in Ägypten total auf Grund laufen lassen. Kannst du dir die Fassungslosigkeit auf dem Gesicht des Pharaos vorstellen, als er seine Abscheu vor Mose und seinem Gott in Worte fasste?

> «Wer ist denn dieser ‹Herr›?», fragte der Pharao. «Weshalb sollte ich ihm gehorchen und Israel gehen lassen? Ich kenne den Herrn nicht und lasse sein Volk nicht frei! … Warum wollt ihr beide, Mose und Aaron, das Volk von seinen Pflichten abhalten? Was soll das? Geht zurück an die Arbeit!» *(2. Mose 5,2 und 4)*

Schließlich verschaffte sich Gott mithilfe von zehn audiovisuellen Lektionen (landläufig als «Die Zehn Plagen» bekannt) doch noch die Aufmerksamkeit des Pharaos. Israel wurde befreit und begann seinen berühmten vierzigjährigen Kreistanz in der Wüste, dem Gelobten Land entgegen.

Und Moses Pechsträhne ging zu Ende.

Über «Stock» und Stein!

Mose äußerte fünfmal Zweifel an Gottes Plan, und jedes Mal antwortete Gott auf seine Zweifel und traf zugleich Vorsorge für seine Schwächen. So lernte Mose, dass seine Bedürfnisse durch Gottes Versorgung gestillt werden würden, nicht durch seine eigenen Möglichkeiten.

Als Mose dies brauchte …	… gab Gott ihm dies:
Glaubwürdigkeit	Seine Gegenwart
Selbstvertrauen	Seinen Auftrag
Bestätigung	Seinen Machterweis
Kommunikation	Seine Worte
Gemeinschaft	Seine Unterstützung

Moses Selbstzweifel waren eine geschickte Tarnung für seine Zweifel an der Fülle Gottes. Er schaute nach innen, auf *seine* Schwächen. Gott wollte, dass er nach oben schaute, auf *ihn* und seine Möglichkeiten. Die Zeiten haben sich geändert seit den Tagen Moses, doch die Herausforderungen nicht. Und ebenso wenig hat sich die menschliche Natur verändert – mit all unseren Ängsten, Zweifeln, Unzulänglichkeiten und Misserfolgen.

Und wie ist es mit dir? Was ist deine «Mission»? In gewissem Sinne ruft Gott uns jeden Tag zu einer neuen Mission auf. Aber ob du nun berufen bist, eine ganze Nation zu verändern oder nur deinen Nachbarn, ein ganzes Land oder nur deinen Klassenkameraden, entscheidend ist, dass du auf seine Möglichkeiten vertraust, nicht auf deine eigenen. Es spielt keine Rolle, *wer* du in dieser Welt bist. Es kommt nur darauf an, *wem* du gehörst.

Vielleicht hattest du in letzter Zeit eine Pechsträhne. Wenn es so ist, dann hab Mut. Vielleicht machst du noch heute deinen persönlichen U-Turn in der Wüste. Vielleicht ist ja dieses Kapitel so eine Art «brennender Dornbusch» für dich, der dir hilft, Gottes Stimme zu hören. Wenn es so ist, fang gar nicht erst an, dich in lahme Ausreden zu flüchten und Gründe aufzuzählen, weshalb Gott dich nicht gebrauchen kann, sondern halte erst einmal inne und wirf einen langen Blick … auf *ihn*. Lass dir von dem, was du siehst, deine Meinung über deine Mission und über dich selbst verändern. Dann öffne dein Herz, nimm deinen Stock und mach dich auf den Weg!

Übrigens, im Herbst 1999 gingen die Glascock County High School Panthers wieder aufs Spielfeld, und alles rechnete mit ihrem 88. Spielverlust in Folge. Stattdessen gaben diese entschlossenen Jungen in jenem Spiel alles und gewannen mit 12 zu 6 gegen die Cross Creek High.

Die Pechsträhne war offiziell vorbei.

Slo-Mos Lebenslektionen

Lektion 1: Wenn Gott dich zu einer Aufgabe beruft, geht er immer mit dir. (Matthäus 28,18–20)

Lektion 2: Du bist Gottes Auserwählte(r) an deiner Schule, deiner Uni oder deinem Arbeitsplatz. (Jeremia 1,5)

Lektion 3: Dein geistlicher Lebensstil beglaubigt Gottes Botschaft. (Philipper 2,15–16)

Lektion 4: Du solltest Gottes Wahrheit kennen und wissen, wie du sie anderen mitteilen kannst. (Johannes 17,17; Römer 10,17)

Lektion 5: Vielleicht brauchst du die Hilfe anderer, um deine «Gottesmission» zu erfüllen. (Hebräer 10,23–25)

Ist Gott wirklich da?

DAVID

Einsamkeit.

Es gibt nicht viel im Leben, was schlimmer wäre als diese Dunkelheit und Leere. Du kennst das Gefühl – diese Nacht der Seele, in der du dich von allen verlassen und ohne Freunde fühlst … *allein*. Dieser Feind hat etwas Schweigsames an sich, das einen zum Wahnsinn treiben kann. In deiner Seele ist es still. *Zu* still. Und in dieser Einsamkeit machen sich alle möglichen Fragen in deinem Kopf breit.

Hilfe!!!

Warum fühle ich mich so allein?
Warum tut Gott nicht etwas?
Vater, hast du gar kein Interesse mehr an mir?
Herr, wo bist du, wenn ich dich wirklich brauche?
Hallo?

35

Hallo?! Bist du überhaupt da?

Und manchmal kommt darauf keine Antwort außer eisigem Schweigen.

Harte, verwegene Fragen. Und doch sind sie ehrliche Gedanken aus einem Herzen, das vor Gott nichts zurückhält. Doch solche langen Momente der Einsamkeit können letzten Endes dazu führen, dass du ernsthafte Zweifel an Gott bekommst. Wenn Gott schweigsam, fern, distanziert und weit weg zu sein scheint, fragst du dich vielleicht, ob auf die Bibel und das Gebet überhaupt Verlass ist – und stellst möglicherweise sogar «die ganze Sache mit dem Christsein» infrage.

Ist es dir schon einmal so gegangen?

Wenn du dich bereits eine Weile auf diesem Planeten herumtreibst, ist es vermutlich so. Und du hast dich eventuell gefragt: *Ist es falsch, wenn ich so empfinde? Bin ich komisch oder schlecht, wenn ich solche Gedanken habe?* Nun, ich glaube das nicht. Im Gegenteil, solche Gedanken gehören ganz allgemein zum christlichen Erleben. Sie gehen so ziemlich jedem Gottsucher irgendwann durch den Sinn. Frag einfach mal jemanden, den du respektierst: «Hast du dich je gefragt, ob es Gott wirklich gibt?» – und dann hör zu, was er oder sie dir sagt.

Also verurteile dich nicht selbst dafür, dass du diese Fragen stellst. Und denk nicht, du wärest «ungeistlich», oder bilde dir nicht etwa ein, du bräuchtest eine Therapie. Ganz im Gegenteil – du solltest dir ganz normal vorkommen. Und das ist gut so.

Tatsächlich kann es jede Menge Gründe geben, warum du vielleicht das Gefühl hast, Gott wäre weggezogen (oder zumindest für längere Zeit verreist). Einsamkeit kann dir zum Beispiel begegnen …

■ Wenn deine Eltern dich nicht verstehen (und dir Hausarrest erteilen oder dich in dein Zimmer verbannen).

- Wenn dein Freund oder deine Freundin Schluss mit dir macht.
- Wenn du aus der Mannschaft geschmissen wirst.
- Wenn du sündigst oder versagst.
- Wenn deine Freunde dich im Stich lassen.
- Wenn Leute dich ablehnen oder verlassen.
- Wenn du von zu Hause weg auf die Uni oder in die Lehre gehst.
- Wenn Gott deine Gebete scheinbar nicht erhört.
- Wenn Gott deine Erwartungen nicht erfüllt.
- Wenn du verletzt bist oder Ärger hast und kein Ende in Sicht ist.

In solchen Zeiten kann der Himmel Millionen von Meilen entfernt scheinen. Die große Frage, die dir dann durch den Kopf geht, ist: *Was soll ich jetzt machen?*

Gute Frage. Ich meine, was erwartet Gott von dir, wenn es scheint, als hätte er dich verlassen? Was wäre die *richtige* Reaktion? Wie kannst du sicher sein, dass er wirklich da ist? Gibt es etwas, das du tun kannst, um deine Zuversicht zurückzugewinnen und deinen Glauben wiederherzustellen?

Um die Antworten darauf zu finden, lass uns einen Mann aufsuchen, der vielleicht die authentischste, ehrlichste Gestalt in der ganzen Bibel war. Sein Name ist David – aber bevor du jetzt gleich an Schafe, Steinschleudern und Techtelmechtel mit badenden Frauen denkst, halte dir ein zeitgemäßes Bild des Riesentöters vor Augen.

Stell dir eine Seite in deinem Schuljahrbuch vor. Die Seite ist voller Fotos von einem Typen aus der Oberstufe (nennen wir ihn «Dave»). Bild 1: Er grätscht nach einem Pass im Strafraum. Bild 2: Er albert in der Kantine herum und reitet auf jemandem huckepack. Bild 3: Er steht in Biologie vor der Klasse und hält ein Referat über Evolution … in einem Gorillakostüm! Bild 4: Er ist bei einer

37

Schlachtenbummlerparty, diesmal als Cheerleader verkleidet, komplett mit Rock, Pompons und Rattenschwänzen!

Das ist Dave. Kontaktfreudig. Sportlich. Musikalisch. Freundlich. Beliebt. Cool. Rundherum ein Supertyp, oder?

Stimmt, aber hinter Daves selbstbewusster Fassade steckt ein Siebzehnjähriger, der oft mit Einsamkeit zu kämpfen hat. Manchmal bringen diese Gefühle Dave dazu, sich zu fragen, ob es sich überhaupt lohnt zu leben. Sein Vater ist viel unterwegs, und seiner Mutter ist das ein Dorn im Auge. Deshalb gibt es oft Zank und Streit zwischen ihnen … sehr oft. Manchmal richtet sich das Geschimpfe und Geschrei auch gegen Dave. Manchmal fliegen dabei so sehr die verbalen Fetzen, dass er sich in einen nahegelegenen Park flüchtet, um einfach nur dazusitzen und nachzudenken. In solchen Momenten bedeuten ihm seine Freundin, seine Freunde, seine Mannschaftskameraden und sogar seine Beliebtheit absolut gar nichts mehr. Sie sind nicht imstande, die Einsamkeit zu vertreiben, die er tief in seinem Innern verspürt.

Dave ist kein glücklicher Mensch. Und deshalb fragt er sich: *Warum ich? Warum hassen mich meine eigenen Eltern? Warum fühle ich mich so allein?*

Der Höhlenmensch

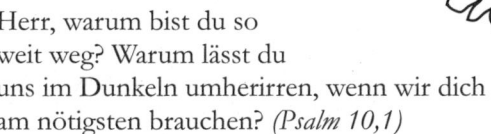

Okay, das ist zwar nicht genau der David aus
der Bibel, aber es gibt da ein paar erstaunliche
Ähnlichkeiten. Wie Dave war auch König
David musikalisch, sportlich, kontaktfreudig, talentiert und beliebt. Auch dieser
David wurde von Leuten, die er bewun-
derte, schlecht behandelt und abgelehnt. Das veranlasste ihn dazu, sich
an abgeschiedene Orte (oft in eine
Höhle) zurückzuziehen, wo er seine
Gedanken sammelte und sich mit seinen Gefühlen auseinandersetzte. Lies
dir ein paar der Gedanken durch, die
er aufgeschrieben hat:

> Herr, warum bist du so
> weit weg? Warum lässt du
> uns im Dunkeln umherirren, wenn wir dich
> am nötigsten brauchen? *(Psalm 10,1)*

> Herr, wie lange wirst du mich noch vergessen, wie
> lange hältst du dich vor mir verborgen? Wie lange
> noch sollen Sorgen mich quälen, wie lange soll der
> Kummer Tag für Tag an mir nagen? Wie lange noch
> wird mein Feind über mir stehen? *(Psalm 13,2–3)*

> Mein Gott, mein Gott, warum hast du mich
> verlassen? Warum bist du so weit weg und
> hörst mein Stöhnen nicht? Mein Gott! Den
> ganzen Tag rufe ich, aber du gibst mir keine
> Antwort. Ich rufe in schlaflosen Nachtstunden,
> aber ich finde keine Ruhe. *(Psalm 22,2–3)*

Das hört sich nicht nach jemandem an, der von der «Freude
des Herrn» erfüllt ist.

39

Aber es hört sich nach einem ehrlichen Menschen an. David sagt: *Gott, wo bist du? Warum passiert das alles? Ich verstehe das nicht. Was habe ich falsch gemacht? Bestrafst du mich? Warum hast du mich verlassen, als ich dich am nötigsten brauchte? Die Leute beobachten mich, Gott. Wenn du wirklich da bist, dann zeige bitte meinen Feinden, dass du real bist! Tu doch etwas ... irgendetwas, damit ich weiß, dass du noch bei mir bist! Zeig mir, dass du dich noch für mich interessierst. Gib mir ein Zeichen!*

Hören sich diese Fragen irgendwie

Ich bin hier!

vertraut an? Ist es dir auch schon einmal so gegangen? David kannte das sehr gut, und genau deshalb ist er bestens qualifiziert, einer unserer «Zweifler» zu sein. Du hast dich vielleicht gefragt: *Ist es denn in Ordnung, wenn fromme Leute solche Gefühle haben? Ist es okay, Gott infrage zu stellen?*

Die Antwort ist: Ja. Gott verlangt nicht von uns, dass wir ihn nie infrage stellen. Frömmigkeit bedeutet nicht, dass wir niemals Zweifel haben. Es geht nicht um *Perfektion*. Es geht um einen *Prozess* – einen Entwicklungsprozess hin zur Reife. David steckte mitten in diesem Prozess. Genau wie du.

Lass Davids spontane Ehrlichkeit auf dich wirken. Er scheute sich nicht, seine tiefsten Gedanken über Gott zum Ausdruck zu bringen. Natürlich ahnte er wahrscheinlich nicht, dass eines Tages die ganze Welt sie lesen würde! Trotzdem, diese erfrischende Ehrlichkeit hilft uns, uns mit ihm zu identifizieren. Er fühlte sich frei, Gott alles zu sagen, was er empfand, und diese Freiheit hast auch du heute (Philipper 4,6–7; 1. Petrus 5,7).

Stell dir David in einer Berghöhle vor. Es ist mitten in der Nacht, und es regnet. In eine Decke gehüllt sitzt er auf dem Boden und wärmt sich an einem kleinen Feuer. David fühlt sich wie ein Ausgestoßener, und die Einzigen, die ihm Gesellschaft leisten, sind die Wüstenechsen, die hin und wieder vorbeihuschen. Wie ein Zombie starrt er in die flackernden Flammen. König Saul, ein Mann, den David bewundert und dem er liebend gern zu Gefallen sein möchte, trachtet ihm nach dem Leben. Unsicher, was der

kommende Tag bringen wird, fragt sich David, wo Gott bei alledem steckt. Traurig in seiner einsamen Abgeschiedenheit, stellt er dieselben Fragen, die auch du dir in deinen einsamsten Momenten stellst. Und als zur Antwort nur ein niederschmetterndes Schweigen kommt, geht ein Beben durch seinen ganzen Glauben.

Fixiert auf ein Gefühl

Kannst du verstehen, warum David sich fühlte, als hätte Gott ihn verlassen? Denk daran, das ist derselbe David, der daran gewöhnt war, viele Stunden allein in der Wildnis zu verbringen, wenn er seine Schafe hütete. Es ist der Mann, der sich mutig einem Riesen entgegengestellt und mit bloßen Händen Bären, Löwen und andere wilde Tiere getötet hatte (1. Samuel

17,34–37). Es ist derselbe David, der all diese großartigen Anbetungslieder schrieb; ein Mann, der für sein Volk zur lebenden Legende geworden war. Er hatte schon oft erlebt, wie Gottes Macht ihn vor seinen Feinden errettet hatte.

Doch nun stand er einem ganz neuen Feind gegenüber, einem, der ihm mehr Angst einjagte als der Rachen eines Löwen oder der Speer eines Riesen. Sicher, jene Feinde konnten ihn umbringen, aber dieser hier quälte seine Seele! Und für David war das viel *schlimmer* als der Tod.

So kauerte er also nun hier in einer Höhle und fragte sich, wo Gott zu finden sein mochte.

Freilich leugnete er nicht Gottes *Existenz* oder stellte auch nur infrage, dass Gott die *Macht* hatte, ihn zu erretten. Er zweifelte nicht an Gottes Realität, sondern nur an seiner *Gegenwart*. David wusste, dass Gott irgendwo da draußen war. Er war nur nicht davon überzeugt, dass Gott in der gegenwärtigen Lage bei ihm war. Er fragte sich, ob Gott sich noch für ihn interessierte.

Wenn er mit einem sichtbaren Feind zu kämpfen hatte, wusste David, dass Gott bei ihm war. Das war einfach. Das hier war nicht so einfach. Die Frage war: *Würde Gott auch dann bei ihm sein, wenn es wirklich darauf ankam?*

Wenn wir ehrlich sind, glaube ich, haben wir uns das alle schon einmal gefragt. Wir haben alle schon Zeit in der «Zweiflerabteilung» des Loser-Clubs verbracht. Leute wie du (und auch manche, die reifer sind als du) kennen dasselbe einsame Gefühl in ihrem Innern. Sie hatten alle schon jenen quälenden Verdacht, Gott habe sich mitten in der Nacht aus ihrem Leben davongestohlen, ohne eine Adresse zu hinterlassen! Ich habe diese Zweifel auch gehabt. Deinem Jugendpastor, deinem christlichen Lieblingsmusiker, deinem Pastor und berühmten Missionaren ging es auch nicht anders … ja, selbst den Legenden des Glaubens ging es so. Nicht einmal Leute wie David werden davon verschont.

Darum solltest du die Hoffnung nicht aufgeben. An den einsamsten Tagen deines Lebens – wenn so vieles ungewiss erscheint – kannst du auf eines bauen: Du bist mit deinen Schwierigkeiten nicht allein.

Du bist nicht sündig oder «abtrünnig». Und Gott hat nie von dir verlangt, dass du mit dieser Krise allein fertig wirst. Egal, in was für einer schmerzlichen Lage du auch steckst, er möchte dich mit der Tatsache trösten, dass andere genau verstehen, was du durchmachst (1. Petrus 5,9).

Und noch etwas. Es kommt noch besser. Gott möchte auch, dass du weißt, dass er dich niemals, niemals verlassen wird, wie allein du dich auch fühlen magst, nicht einmal in deinen verzweifeltsten, dunkelsten Momenten. Egal, wer sonst dich verlassen oder im Stich gelassen haben mag. Gott sagt, dass er das niemals tun wird. Das ist ein Versprechen, auf das du dich verlassen kannst.

Mag ja sein, denkst du jetzt. *Aber in solchen Zeiten habe ich trotzdem immer noch das Gefühl, dass er weit weg ist.* Ich weiß. Ich hatte selbst auch schon oft den Eindruck, der Himmel wäre außerhalb der Rufreichweite meines Handys. «Gott, kannst du mich jetzt hören? … Kannst du mich jetzt hören?» Aber lass mich dir von einem persönlichen Erlebnis erzählen, das dir vielleicht hilft.

Vor einiger Zeit hatte ich eine Zahnwurzelbehandlung. Das ist diese Sache, wo der Zahnarzt den Mini-Presslufthammer nimmt, ihn dir in den Mund steckt und anfängt zu graben (hört sich lustig an, was?). Dann nimmt er so einen kleinen spitzen Haken und ritzt dir damit seine Initialen in die Backe (na ja, nicht wirklich). In Wirklichkeit legt er die Nerven in deinem Zahn frei. Falls dir die Frage in den Sinn kommt: Ja, das kann eine sehr schmerzhafte Angelegenheit sein. Deswegen spritzt er dir vorher auch Novocain

ins Zahnfleisch. Das ist ein Medikament, das dir das halbe Gesicht taub macht und deinem Gehirn vorgaukelt, in deinem Mund täte nichts weh. Dann kann «Dr. Drillmeister» operieren, ohne dir Schmerzen zu verursachen.

Aber ich wollte kein Risiko eingehen und bat deshalb zusätzlich um Distickstoffmonoxid, besser bekannt als «Lachgas». Hallo, wenn mir jemand eine Maschine in den Mund rammt, dann tue ich alles, um Schmerz zu vermeiden. (Ich hasse Schmerz!)

Nachdem ich eine Minute lang «Lachgas» eingeatmet hatte, ging es mir richtig gut – so gut, dass es mich überhaupt nicht mehr kümmerte, was der Zahnarzt mit mir anstellte. Das Gas lenkte mich davon ab, an Schmerzen zu denken, und erlaubte es mir, mich mit angenehmeren Bildern zu beschäftigen; zum Beispiel, wie ich als Superman durch die Lüfte rausche und im südamerikanischen Dschungel gegen sechsköpfige Aliens kämpfe. (Okay, ich bin ein komischer Kauz.)

Jedenfalls, wenn du mich während dieser Zahnbehandlung gefragt hättest, ob in meinem Mund ein Loch sei, so hätte ich «Nein» gesagt. Durch das Novocain und das Distickstoffmonoxid spürte ich keinen Schmerz. Außerdem war ich viel zu sehr damit beschäftigt, am Amazonas gegen außerirdische Monster zu kämpfen! Worauf ich hinaus will (ja, ich will auf etwas hinaus), ist, dass ich unter dem Einfluss der Betäubungsmittel unfähig war, die Wahrheit über das zu erkennen, was *real* war. Ich hätte dir nur das sagen können, was ich *spürte*. Für mich waren Gefühl und Wirklichkeit an jenem Tag zwei verschiedene Dinge.

Genau das, mein Freund, passiert auch, wenn du durch die einsamen Zeiten des Lebens gehst. Dein Verstand und dein Herz werden von so vielen Gedanken und Gefühlen bombardiert, dass es schwer ist, den Unterschied zwischen Wirklichkeit und Illusion zu erkennen. Wenn es dir so vorkommt, als wäre Gott weit weg, musst du dir klarmachen, dass deine Gefühle dir nicht immer die Wahrheit sagen. Gefühle lassen sich leicht manipulieren und führen dich oft in die Irre. Während jener einsamen Zeiten können deine Emotionen dich für Gottes Gegenwart «taub» machen und dir etwas über die Realität vorlügen.

Darum kannst du ihnen nicht über den Weg trauen.

Schlimme Tage gibt's immer wieder – manchmal brechen sie über dich herein wie ein plötzlicher Tornado, und manchmal rollen sie heran wie ein langsamer Zug. So oder so, es kann sein, dass du dabei in der Einsamkeit landest und dich niedergeschmettert, verlassen und verwaist fühlst. Es kann dir so vorkommen, als befände sich dein Glaube im Sturzflug. Was du in solchen Momenten brauchst, ist etwas, woran du dich festhalten kannst, eine Rettungsleine, die dich mit etwas Festem, Unveränderlichem verbindet. Diese Rettungsleine ist eine Verheißung; eine Verheißung, die dir von Gott selbst persönlich und unwiderruflich gegeben wurde. Hier ist sie:

> Ich lasse dich nicht im Stich, nie wende ich mich von dir ab. *(Hebräer 13,5)*

45

Ganz einfach, was? Aber ist es auch einfach, daran zu glauben? Nicht immer. Noch einmal: Das ist der Grund, warum du dir klarmachen musst, dass deine Gefühle vielleicht nicht auf Tatsachen beruhen.

«Aber Moment mal», sagst du. «Der Hebräerbrief war doch damals noch gar nicht geschrieben. Also hatte doch David diese Verheißung noch gar nicht, oder?» Nun, ja und nein. Der Verfasser des Hebräerbriefs zitiert hier in Wirklichkeit aus 5. Mose 31,6 (einem der fünf biblischen Bücher, die zu Davids Zeit bereits geschrieben waren). Da er die Schrift kannte, wusste David, dass Gott diese Worte ursprünglich während einer einsamen und Furcht einflößenden Zeit zu seinem Volk gesprochen hatte. Als sie sich anschickten, in das Gelobte Land einzuziehen, nachdem sie vierzig Jahre lang durch die Wüste gewandert waren, hatten die Leute schreckliche Angst vor den Barbarenheeren, die sie dort erwarteten. Deshalb gab Gott ihnen diese Verheißung, um sie seiner Gegenwart zu versichern. Wie übermächtig ihre Feinde auch sein mochten, wie ängstlich und allein sie sich auch fühlten, sie konnten sicher sein, dass Gott bei jedem Schritt des Weges immer bei ihnen sein würde.

Möglicherweise dachte David über diese Wahrheit nach, als er in seiner Höhle saß. In der Stille seiner Seele erreichte David eine entscheidende Wegkreuzung. Er konnte sich dafür entscheiden, an das zu glauben, was seine Umstände und Emotionen ihm innerlich zuschrien – dass Gott ihn verlassen hatte und er ganz allein war. Oder er konnte sich dafür entscheiden, an Gottes Wort zu glauben – dass Jahwe in seiner Nähe sein würde, wie schlimm die Situation auch werden mochte. Letztlich lief alles auf eine persönliche Entscheidung hinaus.

Glauben ist Sehen

Vielleicht verbringst du nicht viel Zeit damit, dich in Höhlen zu verstecken. Aber du sitzt vielleicht allein in deinem Zimmer (das deine Mutter im Scherz eine «Höhle» nennt). Oder vielleicht kommst du auch nur gelegentlich an einen Punkt in deinem

Leben, wo Gott dir weit weg erscheint. In solchen Momenten musst auch du eine wichtige Entscheidung treffen, die niemand dir abnehmen kann. Hier kommt es nur auf *dich* an. Es ist die Entscheidung, ob du an das glaubst, was du fühlst, oder an das, was du in seinem Wort liest. Es ist die Entscheidung, ob du dich auf deine Emotionen oder auf Gottes Verheißung verlassen willst. Deine Stimme steht gegen seine.

Das ist eine Entscheidung des *Glaubens*.

Zugegeben, diese Entscheidung fällt nicht immer leicht. Wir sind alle nur Menschen und daran gewöhnt, auf das zu vertrauen, was wir schmecken, berühren, sehen, hören und fühlen können. Darum müssen wir auch unsere Herzen und unseren Verstand mit der Schrift im Zaum halten (Römer 12,2). Im Glauben zu wandeln ist kein Ereignis. Es ist eine *Gewohnheit*. Darum heißt es ja «Wandeln». Es ist eine Frage des *Lebensstils*. Und es erfordert Zeit und Übung.

Was also tat David? Ließ er sich immer tiefer in Depressionen versinken? Blieben seine Zweifel bestehen? Wurde er verbittert, oder überwand er seine Zweifel an Gottes Gegenwart und Fürsorge? Lies selbst.

> Ich aber vertraue auf deine Liebe und juble darüber, dass du mich retten wirst. Mit meinem Lied will ich dich loben, denn du hast mir Gutes getan. *(Psalm 13,6)*

Wow! Was für eine Veränderung! Am Anfang von Psalm 13 fragt sich David noch, ob Gott ihn für immer vergessen habe. Er ist allein, ohne Glauben und niedergeschlagen. Und jetzt verkündigt er Gottes Güte. «Herr, ich glaube daran, dass du mich immer noch liebst. Ich weiß, dass du mich retten wirst. Du bist so gut!» Was hat den Unterschied ausgemacht? Hat David einfach ein neues frommes Gefühl in sich heraufbeschworen?

Negativ.

David setzte sein Vertrauen jetzt auf eine *Person*. Infolgedessen wich seine Einsamkeit der Wirklichkeit der Liebe Gottes zu ihm. Seine Trauer verwandelte sich in Jubel.

Hatte David das Gefühl, als wäre Gott weit weg? Ja.

Beruhte dieses Empfinden auf einer realen Grundlage? Nein. War Gott wirklich weit weg? Keine Spur.

Wodurch also veränderten sich Davids Perspektive und letzten Endes auch seine Gefühle? Durch die schwierige Entscheidung, daran zu glauben, dass Gott immer in der Nähe ist. Er verlässt dich niemals, und egal, was auch passiert, diese Verheißung wird immer wahr sein. Immer.

Leider bedeutet das nicht, dass wir nie wieder mit Zweifeln zu kämpfen haben oder uns nie mehr weit weg von Gott fühlen werden. Unser Glaube kann ins Wanken geraten – genau wie der von David.

Was es aber bedeutet, ist, dass wir sicher sein können, dass Gott uns niemals verlässt. Selbst dann, wenn wir uns total allein fühlen.

Wenn also deine Emotionen in dir schreien, wenn die Umstände sagen, dass Gott sich nicht für dich interessiert, musst du die Entscheidung treffen, trotzdem zu glauben. Deine Gedanken und Emotionen können dich belügen, aber Gott wird das niemals tun.

Und hier hast du die Garantie schriftlich:

> Ich bin immer bei euch, bis das Ende dieser Welt gekommen ist! *(Matthäus 28,20)*

Davids Gedanken aus der Höhle

1. Einsamkeitsgefühle kommen immer wieder einmal auf. Das muss dich nicht überraschen.
2. Sag Gott ehrlich, wie du dich fühlst.
3. Emotionen können und werden dich belügen.
4. Entscheide dich im Glauben dafür, an Gottes Verheißungen für dich festzuhalten.

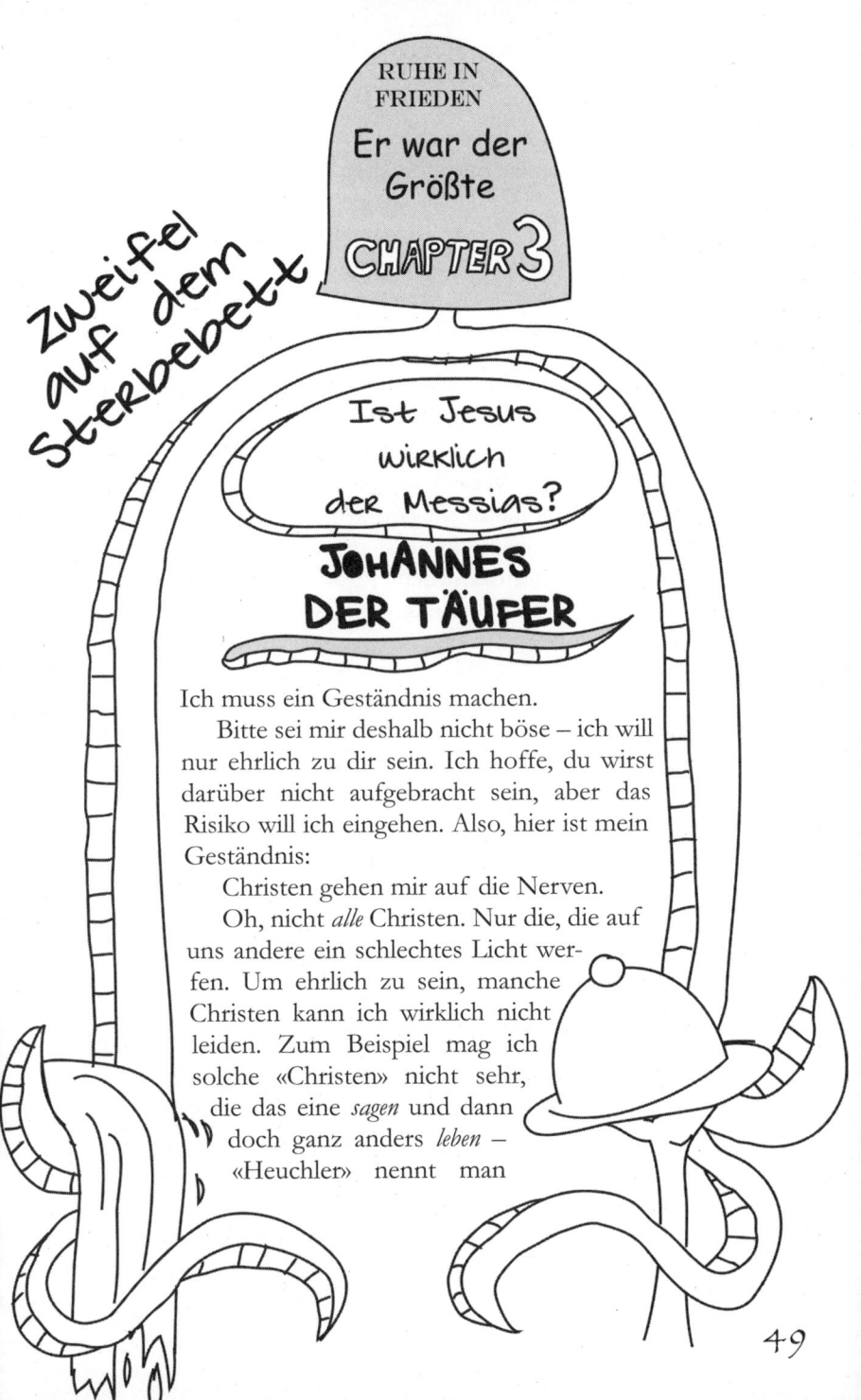

Zweifel auf dem Sterbebett

RUHE IN FRIEDEN

Er war der Größte

CHAPTER 3

Ist Jesus wirklich der Messias?

JOHANNES DER TÄUFER

Ich muss ein Geständnis machen.

Bitte sei mir deshalb nicht böse – ich will nur ehrlich zu dir sein. Ich hoffe, du wirst darüber nicht aufgebracht sein, aber das Risiko will ich eingehen. Also, hier ist mein Geständnis:

Christen gehen mir auf die Nerven.

Oh, nicht *alle* Christen. Nur die, die auf uns andere ein schlechtes Licht werfen. Um ehrlich zu sein, manche Christen kann ich wirklich nicht leiden. Zum Beispiel mag ich solche «Christen» nicht sehr, die das eine *sagen* und dann doch ganz anders *leben* – «Heuchler» nennt man

49

solche Leute. Dann gibt es da die gestrengen Regelwächter, die so sehr damit beschäftigt sind, uns anderen zu sagen, was wir *nicht dürfen*, dass sie die Schönheit des Christseins ganz aus dem Blick verloren haben. Sie haben vergessen, was unseren Glauben für andere so attraktiv und unwiderstehlich macht.

Dann gibt es noch eine Gruppe im Volk der Christen, die mich *wirklich* auf die Palme bringt. Das sind jene wohlmeinenden Personen, die so versessen darauf sind, Leute zu bekehren, dass sie schließlich zu unlauteren «Verkaufsmethoden» greifen. Sie versprechen Dinge, die das Evangelium nicht verspricht. Oft reden sie durchaus von richtigen Dingen – Glück, Frieden, Kraft zum Leben, Vergebung, überfließendes Leben und Erfüllung. Aber sie tun es auf eine Weise, die andere in die Irre führt. Zum Beispiel ist es zwar so, dass Gott dir vergibt, wenn du Christ wirst; aber das bedeutet noch nicht, dass alle anderen das auch tun. Gott vergisst deine sündige Vergangenheit, aber es kann trotzdem sein, dass du mit manchen ihrer Folgen fertig werden musst. Ja, du hast jetzt ein überfließendes Leben, aber das heißt nicht, dass du nie wieder Probleme haben wirst. Und ich glaube, wenn Christen herumlaufen und den Leuten erzählen, Gott würde alle ihre Probleme lösen, dann richten sie damit manchmal mehr Schaden als Nutzen an.

<u>Fazit</u>: Wenn du Gott dein Herz gibst, *wird* das dein Leben verbessern, dir hier einen Sinn geben und dich auf die nächste Welt vorbereiten. Aber es kann dir auch Widerstände, Schikanen und sogar Verfolgung einbringen. Mit anderen Worten, es wird nicht immer ein Picknick sein. Das vergessen manche Christen leider zu erwähnen, wenn sie Zeugnis geben.

Seit zweitausend Jahren war es immer schwer, Christ zu sein. Es hat mehr Verfolgungen gegeben als Zeiten des Wohlstandes. Mehr Strapazen als Gesundheit. Mehr Spott und Hohn als Reichtum. Auch heute kann Nachfolge Christi bedeuten, dass das Leben schwierig, peinlich, unangenehm und geradezu unerfreulich wird. Das liegt daran, dass es einen Widerstreit zwischen unserem Glauben und der Welt gibt, in der wir leben. Wenn du Leid und Problemen ausgesetzt bist – wenn es keinen Spaß macht, ein Jünger Jesu zu sein –, fängst du vielleicht an, dir die Sache mit dem Glauben anders zu überlegen. Dann kommen die Zweifel und Fragen auf.

Christsein heißt nicht, dass das Leben immer nach deinen Wünschen läuft. Du und ich, wir sind nicht vor den Schlaglöchern des Lebens gefeit. Wir sind nicht ausgenommen von Leiden, Krankheit und Tod. Wir bleiben nicht immer von platten Reifen und verhauenen Arbeiten und anderen lästigen Dingen verschont, die noch einigermaßen banal sind. Ebenso wenig bleiben uns Autounfälle, Familienkonflikte, finanzielle Schwierigkeiten und Misserfolge erspart. Unerwartete Katastrophen stehen auch bei dir auf der Matte, erschüttern deine Überzeugungen und bringen dich dazu, selbst die Grundelemente deines Glaubens infrage zu stellen.

Wenn das passiert, hast du zwei Möglichkeiten: 1) Schmeiß deinen Glauben über Bord wie ein benutztes Bonbonpapier, oder 2) fang an, mit den «unbequemen» Seiten deines Glaubens zu ringen. Es spielt keine Rolle, in welche Gemeinde du gehst, welche Bibelübersetzung du benutzt oder wie fromm deine Eltern sind. Irgendwann wird es auch dir passieren, dass Gott deine Erwartungen nicht erfüllt. Wenn das passiert, ist es Zeit, nach ein paar Antworten zu suchen.

Billy Graham trifft Alice Cooper und Co.

Fallbeispiel: Es gab einen Kerl namens Johannes, landläufig bekannt als «Johannes der Täufer». Wir nennen ihn Johannes den Täufer, weil er Johannes hieß und Leute taufte (brillant, was?). Hmm … wie kann ich dir Johannes beschreiben? Nun, stell dir vor, was herauskäme, wenn du die Mitglieder der Hardrockband von Alice Cooper mit Billy Graham kreuzen würdest. Ein furchterregender Gedanke, ich weiß. Das Ergebnis wäre ein langhaariger, halb verrückter Wilder, der das Evangelium predigt. Aber lass uns ein Stück zurückgehen und ein bisschen konkreter werden, ja?

Johannes war der Sohn eines Priesters namens Zacharias und seiner Frau Elisabeth, die beide aus der priesterlichen Linie Aarons stammten. Sie waren fromme Leute – was bedeutete, dass sie *rechtschaffen* waren, ohne *rechthaberisch* zu sein. Eines Tages, als Zacharias gerade seine priesterlichen Pflichten versah, erschien ihm der Engel Gabriel und teilte ihm mit, er und Elisabeth würden einen Sohn bekommen. Das war Stoff für eine Schlagzeile in der Boulevardpresse, denn Zacharias und seine Frau waren bereits alt genug, um Großeltern zu sein. Das wusste Gabriel natürlich, und deshalb ließ er, um zu beweisen, dass seine Prophezeiung zutraf, Zacharias stumm werden, bis das Baby geboren sein würde.

Dieses Kind, so prophezeite Gabriel, würde von Gott eine «große Aufgabe» übertragen bekommen (Lukas 1,15). Der Junge durfte sich niemals die Haare schneiden oder Alkohol trinken. Stattdessen würde er vom Tag seiner Geburt an mit dem Heiligen Geist erfüllt sein. Er würde im Geist und in der Vollmacht Elias predigen und dem Messias den Weg bereiten.

Die Zeit kam, dass sich die Prophezeiung erfüllte. Elisabeth bekam ihr Baby, und Zacharias fand seine Stimme wieder. Johannes wuchs in der Nähe von Jesus auf – sie waren sogar Cousins. Doch mit etwa dreißig Jahren verließ Johannes sein Zuhause und begann in der Wüste zu predigen. Wie viele heutige Evangelisten auch ...

- sah er ziemlich «speziell» aus,
- hatte er nur ein Predigtthema und
- konnte dieses gut vortragen.

Im Grunde lässt sich Johannes' Botschaft sogar in zwei Worten zusammenfassen:

TUT BUSSE!

Du kannst dir vorstellen, dass er sich damit ziemlich unbeliebt machte, besonders bei der religiösen Obrigkeit. Kurzgefasst hielt er den geistlichen Führern Israels vor, *sie* müssten mit

Gott ins Reine kommen. So eine Verkündigung verschaffte ihm natürlich keine Bonuspunkte beim Establishment. Doch überraschenderweise kamen Scharen von Menschen hinaus in die Wüste, um Johannes zu hören. Und was bekamen sie zu sehen? Einen Mann, gekleidet in ein Kamelfell und einen Ledergürtel. In seinem Lunchpaket hatte er wilde Heuschrecken und wilden Honig. Vergiss nicht, sein Haar war in dreißig Jahren noch niemals geschnitten worden (und so etwas wie Shampoo oder Conditioner gab es damals noch nicht).

Wenn du sein wildes Aussehen, seine wilde Ernährung und seine Ein-Punkt-Predigt zusammennimmst, kommt ein ziemlich schriller Typ dabei heraus. Doch obwohl er aussah wie ein ausgebrannter, übriggebliebener Hippie aus Woodstock-Zeiten, war Johannes in Wirklichkeit ein intelligenter und bescheidener Mensch. Sein Motto lautete: «Christus soll immer wichtiger werden, und ich will immer mehr in den Hintergrund treten» (Johannes 3,30).

Guter Slogan, was?

Eines Tages, als Johannes gerade im Jordan Leute tauft, sieht er Jesus. Johannes ruft laut: «Seht, das ist Gottes Opferlamm, das die Sünde aller Menschen wegnimmt» (Johannes 1,29). Jesus bittet Johannes, ihn zu taufen, und verbringt dann vierzig Tage fastend in der Wüste. Danach beginnt Jesus mit seinem öffentlichen Wirken, indem er in ganz Galiläa lehrt und Leute heilt. Johannes tauft und predigt indessen weiter und sagt den Leuten, sie sollen den Messias aufnehmen, der gekommen sei.

Ruf nach der Rettungsleine

Johannes' Verkündigung brachte ihn schließlich in Schwierigkeiten. (So eine Überraschung aber auch.) Folgendes passierte:
König Herodes heiratete die Frau seines Bruders, die Herodias.
Johannes sagte Herodes ins Gesicht, das sei eine Sünde. Diese
Aussage wurde als politisch unkorrekt aufgefasst. Herodias
schäumte vor Wut und überredete Herodes, Johannes zu verhaften. Eigentlich wollte Herodes das nicht, aber wie sagt man
so schön? «Ist Mama nicht zufrieden, ist keiner zufrieden.» Also
wurde Johannes lange Zeit in eine Gefängniszelle gesperrt.
In diesen Jahren hatte er reichlich Zeit zum Nachdenken,
und so begannen sich die Räder in seinem Kopf zu drehen.

> Von den Taten Jesu erfuhr auch Johannes
> der Täufer durch seine Jünger. Er schickte
> zwei von ihnen mit der Frage zu Jesus: «Bist
> du wirklich der Retter, der kommen soll, oder
> müssen wir auf einen anderen warten?»
>
> Die beiden kamen zu Jesus und sagten:
> «Johannes lässt dich fragen: ‹Bist du der
> Retter, der kommen soll, oder müssen wir
> auf einen anderen warten?›» *(Lukas 7,18–20)*

Es ist, als hätte Johannes sich gesagt: «Moment mal!
Seit Jahren habe ich allen Leuten eingebläut, Jesus
sei der Messias. Aber wenn das stimmt, warum holt er mich
dann nicht aus diesem Gefängnis heraus? Ich meine, er hat
doch bestimmt von meiner Festnahme gehört. Warte mal! Und
wenn er nun gar nichts dagegen machen kann? Dann ist er ja
vielleicht doch nicht der Messias. Ich weiß gar nicht mehr, was
ich glauben soll!»

Betrachte es einmal aus Johannes' Blickwinkel. Er hatte sein ganzes Leben damit verbracht, den Weg für Jesus zu bereiten – ein Leben voller Opfer, Strapazen und selbstlosen Einsatzes, um andere auf den Messias hinzuweisen. Und *das* war jetzt sein Lohn? Kein Wunder, dass der Täufer sich fragt, ob Jesus wirklich – «the real deal» – derjenige welcher ist oder auch nur ein Prophet wie er selber, der auf den wahren Messias hinweist.

Wie ist das mit dir? Hat dich schon einmal ein Gedanke beschäftigt, der dir zuflüstert: *Was ist, wenn es Gott gar nicht gibt? Wenn alles, woran ich glaube, nur erfunden ist? Wenn alles nur vorgegaukelt ist, ein Trick, den sich die alten Leute haben einfallen lassen, um uns Hoffnung zu geben?* So etwas nenne ich «Kerkerzweifel» – wenn das Leben dir deinen Glauben verdächtig macht. Lauf nicht vor diesen Zweifeln davon oder ignoriere sie. Sondern stell dich ihnen und arbeite an deinen schwierigen Fragen, wie Johannes es tat.

Johannes zweifelte nicht daran, dass es einen Messias geben würde. Er überlegte nur laut, ob Jesus derjenige sei. Denn wenn er es war, warum saß dann sein wichtigster Bote in einem finsteren Verlies in der Todeszelle? Wenn das wirklich die «gute Nachricht» war, auf die die Welt gewartet hatte, warum gab es dann für Johannes nur schlechte und immer schlechtere Nachrichten? Wenn Nachfolge Christi wirklich die beste Art zu leben war, warum musste Johannes dann so viel Leid und Verfolgung deswegen durchmachen?

Niemand war engagierter für Christus und seine Sache. Johannes gab Zeugnis wie ein Weltmeister. Er war der Star, ein Fels der Rechtschaffenheit. Und doch kam sogar *er* schließlich ins Zweifeln, ob Jesus wirklich der Christus sei, und bewies damit, dass Zweifel nicht nur etwas für Leute ist, die noch jung im Glauben sind. Egal, wie reif du geistlich bist, egal, wie lange du schon Christ bist, du hörst *niemals* auf, ein Mensch zu sein. Zweifel steckt in uns allen drin, besonders während der dunklen Stunden des Lebens.

Selbst Johannes der Täufer hatte einen zerbrechlichen Glauben.

Johannes wusste, dass seine Tage gezählt waren. Jeden

Augenblick würde man seinen Kopf auf einem Teller servieren wie eine Weihnachtsgans. Doch bevor er starb, wollte er wissen, ob sich all das gelohnt hatte, was er auf sich genommen hatte. Der Weg, Jesus nachzufolgen, lief anders, als er es sich vorgestellt hatte. Hatte sein Leben wirklich einen Sinn, oder würde er als einer der größten Versager aller Zeiten in die Geschichte eingehen?

«Ich sehe Tote»

Obwohl viele von uns dieselben Gedanken und Fragen haben, die auch Johannes hatte, behalten wir oft unsere Fragen für uns, weil wir Angst haben, ausgelacht oder verurteilt zu werden. Nicht so Johannes. Er fasste seine gefährlichen Fragen in Worte. Ja, er schickte sie sogar geradewegs zu Jesus. Und genauso solltest du es auch machen. Warum? Wegen der Art und Weise, wie Jesus auf die Zweifel des Johannes antwortete. Lies es dir durch:

> Jesus heilte gerade viele von ihren Krankheiten und Leiden. Er befreite Menschen, die von Dämonen geplagt wurden, und den Blinden schenkte er das Augenlicht wieder. Deshalb antwortete er den Jüngern des Johannes: «Geht zu Johannes zurück und erzählt ihm, was ihr gehört und gesehen habt: Blinde sehen, Gelähmte gehen, Aussätzige werden geheilt, Taube hören, Tote werden wieder lebendig, und den Armen wird die rettende Botschaft verkündet! Und sagt ihm: Glücklich ist jeder, der nicht an mir Anstoß nimmt!» *(Lukas 7,21–23)*

Jesus verurteilte Johannes nicht für seine Zweifel, und dich wird er auch niemals dafür verurteilen. Er äußert keinen Tadel. Kein Wort von: «Ach komm, Johnnie, was ist los mit dir, Mann? Du darfst nie an mir zweifeln. Böser Junge! Jetzt kriegst du mächtigen Ärger mit Gott.» Im Gegenteil, in seiner

Menschlichkeit verstand Jesus das Dilemma des Johannes nur zu gut. Später, im Garten Gethsemane, würde Jesus sich selbst fragen, ob Gott vielleicht außer dem schrecklichen Kreuz noch einen Plan B zur Rettung der Welt in petto hatte. Jesus verstand Johannes' Schwachheit (so wie er auch *unsere* Schwachheit versteht), weil Jesus nicht nur zu hundert Prozent Gott, sondern auch hundertprozentig Mensch war.

Jesus ignorierte auch nicht Johannes' Fragen. Stattdessen antwortete er unmittelbar darauf und ermutigte ihn dazu, zu sehen, zu hören, zuzuhören und zu *glauben*. Jesus wollte, dass Johannes über das nachdachte, was er *getan* hatte – wie er die Blinden sehend, die Lahmen gehend, die Tauben hörend, die Toten lebendig und die Aussätzigen rein gemacht hatte. Er predigte den Armen die frohe Botschaft. Als Prophet wusste Johannes, dass all dies Dinge waren, von denen Jesaja vorausgesagt hatte, dass der Messias sie tun würde (Jesaja 35,5; 61,1). Jesus tat Wunder, Dinge, die sich nicht durch menschliche Macht oder Überzeugungskraft erklären ließen. Seine Werke ließen sich nicht als eine Art «galiläische hypnotische Trance» abtun. Dies waren radikale Veränderungen, die man nicht einfach auf positives Denken zurückführen konnte (besonders wenn er Tote auferweckte!).

Jesus *veränderte Menschenleben.*

Den Erweis, *wer Jesus war*, bekam Johannes durch Wunder, die erst kürzlich geschehen waren. Es ist zwar wichtig, auch darüber zu sprechen, was Gott in der Vergangenheit für uns getan hat, aber entscheidend ist, dass wir hören, was er gerade jetzt tut. Und was sind das für Wunder in der heutigen Zeit? Was geschieht heute, das vergleichbar wäre damit, dass Aussätzige rein werden und Tote ins Leben zurückkehren? Was ist Gottes überzeugendes Wunder für *deine* Generation? Wie können deine Freunde (und du selbst) sicher sein, dass Jesus immer

Konzentrier dich auf das Medaillon. Du wirst jetzt sehr, sehr müde

noch der Messias ist? Ein einziges Wort gibt die Antwort: *Veränderung.*

Sicher, die historischen Beweise für das Christentum sind wichtig und notwendig. Doch viele Menschen in deiner Generation – in jeder Generation – brauchen mehr als nur Geschichtliches, Fakten und verstandesmäßige Beweise. Sie brauchen den lebendigen Beweis, dass Jesus lebt.

Gott tut zwar auch in unserer heutigen Welt noch Wunder, aber es scheint, als wären Wunderzeichen und übernatürliche Ereignisse nicht seine wichtigste Methode, um Menschen zu gewinnen. Ich meine, wie viele Leute an deiner Schule haben schon erlebt, wie ein Fluss geteilt oder ein Toter wieder zum Leben erweckt wurde?

Keine kleine Veränderung

Als Johannes nach Beweisen dafür fragte, dass Jesus der Messias sei, bot Jesus ihm als Belege veränderte Menschenleben an. Welche Art von Veränderungen belegen Gottes Wirken in unserem Leben und in unserer Welt?

- Es sind *sichtbare* Veränderungen. Die Leute sehen den Unterschied.
- Es sind *bleibende* Veränderungen. Die Veränderungen, die Gott bewirkt, sind nicht nur die Folge davon, dass man eine neue Seite aufschlägt oder einen guten Vorsatz fürs neue Jahr fasst. Die Veränderung ist von Dauer – mehr als nur eine vorübergehende Mode oder eine emotionale Phase.
- Es sind *vollständige* Veränderungen. Mit anderen Worten, Gottes Veränderungen sind nicht nur Äußerlichkeiten. Sie gehen auch im Innern vor sich. Jeder kann sich neu stylen lassen oder sein Verhalten ändern. Aber nicht jeder kann sich in ein neues Geschöpf verwandeln (2. Korinther 5,17). Eine solche Veränderung kann nur Gott bewirken.

Und Gott liefert immer noch reichlich Belege dafür, dass Menschenleben sich durch ihn verändern. Als Johannes seine Fragen und Zweifel hatte, forderte ihn Jesus auf, sich anzuschauen, was in der Welt passierte, wenn Menschen ihm begegneten. Jesus brachte Veränderungen. Und zwar solche, die sichtbar, dauerhaft und vollständig waren.

Und solche Veränderungen bewirkt Gott immer noch im Leben von Menschen, egal, welchen ethnischen oder wirtschaftlichen Hintergrund oder welchen gesellschaftlichen Status sie haben.

- Es ist eine Veränderung, die wir sehen, wenn ein depressives sechzehnjähriges Mädchen ein funkelnagelneues Herz und ein neues Lächeln bekommt.
- Es ist eine Veränderung, die wir sehen, wenn ein Jugendlicher aufhört, ständig gegen seine Eltern zu rebellieren.
- Es ist eine Veränderung, die wir sehen, wenn sich Verzweiflung löst und Hoffnung an ihre Stelle tritt.
- Es ist eine Veränderung, die wir sehen, wenn Liebe den Zorn überwindet.
- Es ist eine Veränderung, die wir sehen, wenn Verbitterung durch Vergebung ausgelöscht wird.
- Es ist eine Veränderung, die wir sehen, wenn an die Stelle von bloßem Überleben ein Leben voller Sinn und Bedeutung tritt.
- Hast du solche Veränderungen schon bei anderen gesehen? Hast du selbst solche Veränderungen erlebt? Sehen andere den Unterschied an dir?

Weißt du, Gott ist nicht darauf aus, dich *religiös* zu machen. Er hat mehr mit dir vor, als dich nur zu einem rechtschaffenen Menschen zu machen. Das können andere Religionen dir auch vermitteln. Stattdessen will Gott dir eine Geschichte geben, die du deiner Welt erzählen kannst. Eine Geschichte vom *Leben*. Deine Generation muss Gottes Kraft durch ein reales menschliches Leben zu sehen bekommen – nämlich zum Beispiel durch *deines*.

Eine Gefälligkeit zur Feier des Tages

Die Zeit: 29 nach Christus. Es ist Herodes' Geburtstag, und der König schmeißt eine Riesenparty. Zu Gast sind die mächtigsten und einflussreichsten Männer von Galiläa. Zur Unterhaltung tanzt seine Stieftochter für die Gäste. Herodes ist von ihrem Auftritt so angetan, dass er ihr anbietet, ihr jeden Wunsch zu erfüllen, bis hin zur Hälfte seines Königreichs. Nachdem sie sich mit ihrer Mutter Herodias beraten hat, äußert die Tochter ihre Bitte: «Ich will, dass du mir den Kopf Johannes' des Täufers bringst – auf einem Teller –, gleich jetzt!»

Verblüfft und sichtlich bestürzt über die Bitte, gibt Herodes dennoch nach, um vor seinen Freunden nicht das Gesicht zu verlieren (Matthäus 14,1–12; Markus 6,14–29). Sofort erteilt er den Befehl, Johannes enthaupten zu lassen. Minuten später wird der Kopf, immer noch bluttriefend, herbeigebracht und der Herodias gezeigt.

Als Jesus davon hörte, war er außer sich und zog sich zurück, um mit seiner Trauer allein zu sein. Der Herr hatte Johannes wirklich lieb. Er wusste besser als jeder andere, wie wichtig das Leben und Wirken des Johannes gewesen war. Johannes war ein selbstloser Mann gewesen. Alles, was er je gewollt hatte, war, Menschen mit Gott bekannt zu machen. Und diese Hingabe hinterließ einen tiefen Eindruck im Herzen Jesu und veranlasste ihn dazu, Johannes «mehr» als einen Propheten zu nennen und zu sagen, er sei «bedeutender» gewesen als alle anderen Menschen, die je geboren worden seien (Matthäus 11,9 und 11). Wie würde es dir gefallen, wenn auf deinem Grabstein die folgende Inschrift stünde?

«Hier liegt der bedeutendste Mensch,
der je gelebt hat.» *(Jesus Christus)*

Kein schlechter Nachruf für einen Mann, der nie mehr besaß
als die Kleidung, die er trug. Nicht schlecht für einen Mann,
der nach Jahren unbeirrter Hingabe an Jesus in seinen letzten Tagen von einer Welle des Zweifels überrollt wurde. Doch
Jesus, der gute Hirte, führte Johannes sanft durch diese Zweifel
hindurch und gab ihm viele *lebendige Gründe* zum Glauben. Und
dasselbe wird er auch für dich tun. Jesus versprach nicht mehr,
als er einhalten konnte, und scheute sich nicht davor, offen
über die weniger lustigen Auswirkungen zu sprechen, die es
hatte, wenn man ihm nachfolgte. Doch wie Johannes heraus-
fand, wogen die Vorzüge viel schwerer als alle Opfer.

Wenn also du oder irgendjemand, den du kennst, dich jemals fragst, ob Jesus wirklich der Messias und der einzige Weg
zum Himmel ist, dann denk an das, was er getan hat – damals
und jetzt. Sieh dir seine Spuren in den Menschenleben an, die
er verändert hat. Schau dich um und betrachte all die lebendigen Gründe zum Glauben in deinem Umfeld.

Oder noch besser: Willst du einen weiteren dieser lebendigen Gründe sehen? Ja? Dann schau doch einfach in den
Spiegel!

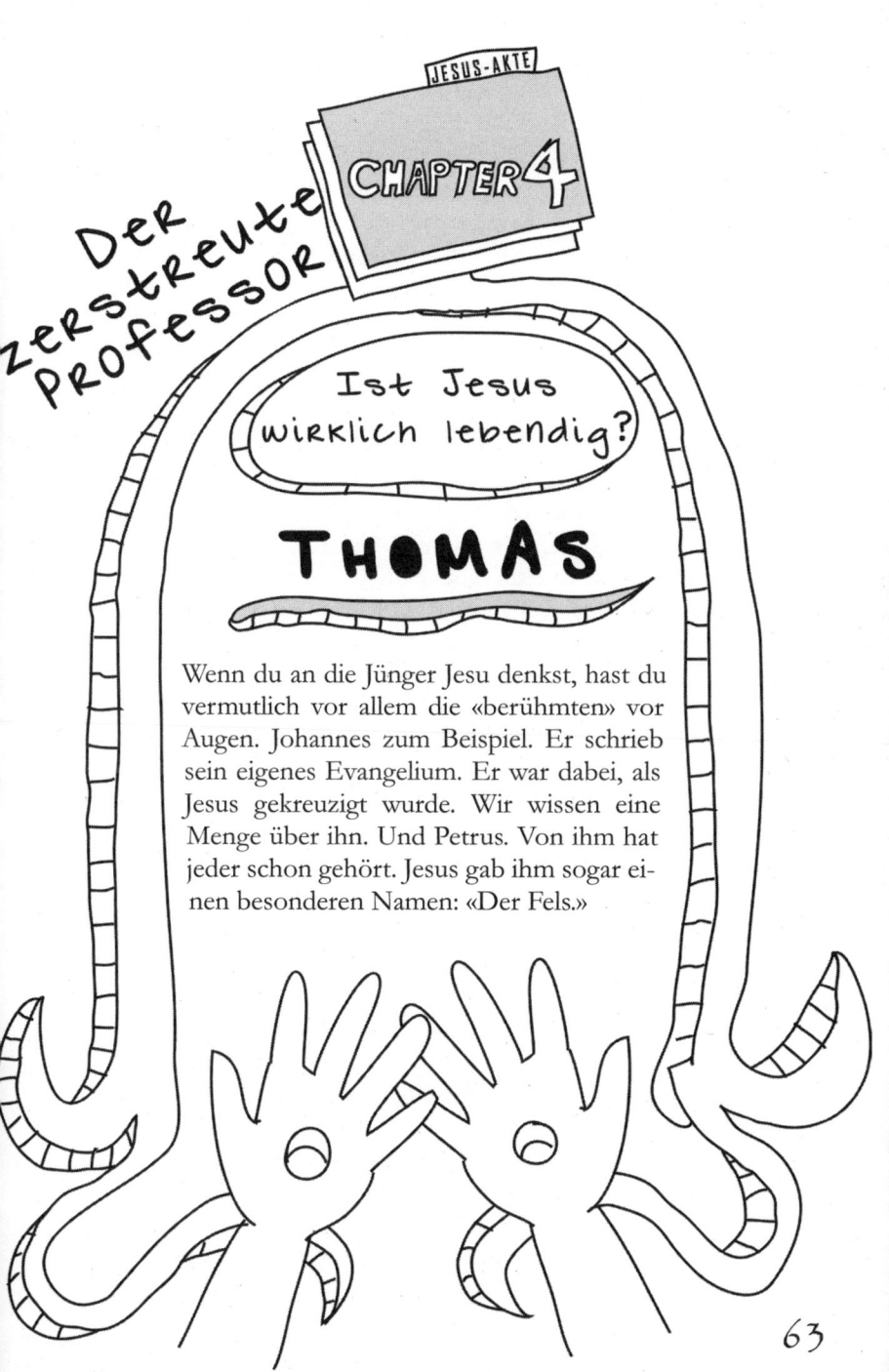

CHAPTER 4

Der zerstreute Professor

Ist Jesus wirklich lebendig?

THOMAS

Wenn du an die Jünger Jesu denkst, hast du vermutlich vor allem die «berühmten» vor Augen. Johannes zum Beispiel. Er schrieb sein eigenes Evangelium. Er war dabei, als Jesus gekreuzigt wurde. Wir wissen eine Menge über ihn. Und Petrus. Von ihm hat jeder schon gehört. Jesus gab ihm sogar einen besonderen Namen: «Der Fels.»

Petrus und Johannes sind sozusagen berühmt als Jünger. Das gilt auch für Thomas. Er ist auch für etwas bekannt. Du erinnerst dich vielleicht an ihn als den Typen, der nicht glauben wollte, dass Jesus lebte, wenn er ihn nicht mit eigenen Augen sah.

Das ist Thomas, auch genannt der «*ungläubige* Thomas». Seit zwei Jahrtausenden ist Thomas (oder auch Didymus = Zwilling genannt; vgl. Einheitsübersetzung) genau dieses Loser-Etikett eintätowiert, während wir den anderen Jüngern ihre Misserfolge und Fehler längst verziehen haben. Ich meine, wir nennen sie schließlich nicht «*verleugnender* Petrus», «*ehrgeiziger* Jakobus» oder «*dummer* Philippus». Doch Thomas blieb auf einem ziemlich miesen Spitznamen sitzen. Darunter hat sein Ruf schwer gelitten. Er ist das schwarze Schaf unter «den Zwölfen», weil er einen Beweis dafür verlangte, dass Jesus am Leben war. Seit 30 nach Christus denken wir nur noch an seinen einen Moment des Zweifels und ignorieren seine Jahre der Hingabe an Christus.

Vielleicht wird es langsam Zeit, die Fakten einmal neu zu betrachten.

CSI – Crime Scene Investigation

Nehmen wir uns ein paar Minuten Zeit, um Thomas' Akte zu entstauben und zu sehen, ob es nicht vielleicht Hinweise darauf gibt, dass Thomas fälschlich verurteilt oder zumindest des falschen «Verbrechens» angeklagt wurde. Machen wir unsere eigene «Tatortuntersuchung». Hier sind die entscheidenden Fragen im Fall des zweifelnden Jüngers:

- Wurde Thomas zu Unrecht angeschwärzt?
- War die Geschichtsschreibung ihm gegenüber fair?
- War sein «Zweifel» wirklich so schlimm, wie er sich anhört?
- Gibt es über sein Leben noch mehr zu sagen?
- Warum war er an jenem Tag so skeptisch?
- Gibt es Hinweise darauf, dass auch die anderen Jünger Zweifel an Jesu Auferstehung hatten?

Spulen wir das Video zurück zu dem letzten Abend, den Jesus mit seinen Jüngern verbrachte. Sie haben gerade zusammen gegessen (das letzte Abendmahl), und dabei hat Jesus ihnen abschließende Anweisungen vor seinem Tod gegeben. Natürlich kapierten sie immer noch nicht, dass Jesus kurz davor war, gekreuzigt zu werden. Nach dem Essen führte er sie zu ihrem Lieblingsplatz zum Beten, einem Garten namens Gethsemane außerhalb von Jerusalem.

Dort angekommen, brach Jesus unter seiner Trauer und seiner Last schier zusammen. Er wusste nämlich etwas, wovon die Jünger nichts ahnten. Er wusste, dass er in Kürze unsägliche Foltern würde durchmachen müssen.

Jesus kannte sich mit Kreuzigungen aus, denn als jemand, der unter der grausamen Herrschaft der Römer aufgewachsen war, hatte er zweifellos schon Dutzende davon gesehen. Doch das war es nicht, was ihn beschäftigte. Versteh das nicht falsch. Nicht, dass er sich darauf gefreut hätte, gekreuzigt zu werden. Aber es gab noch etwas viel Schlimmeres, was ihn erwartete.  Er wusste, dass er, indem er ans Kreuz ging, die Strafe für alle Sünden der Menschheit erleiden würde. Am Kreuz würde sein Vater ihn ganz und gar verlassen, ihn einem schwarzen Dasein überlassen, wie es nur diejenigen erleben, die jetzt in der Hölle sind. Jesus begriff, dass der Vater eine Ewigkeit voller Zorn und Qualen auf seine Seele loslassen würde. Das war (und ist) die Strafe für Sünde. Es ist das, was Menschen ohne Christus erwartet, wenn sie ihren letzten Atemzug tun.

Kurz davor, diese unvorstellbare Last für dich und mich auf seine Schultern zu nehmen, versammelte Jesus seine engsten Gefährten um sich. Im Garten bat er sie, zu wachen und zu beten, während er niederkniete, um vor Gott sein Herz auszuschütten. Kurze Zeit später tauchten Judas und seine «neuen Freunde» auf. Es gab ein kleines Scharmützel, und Jesus wurde verhaftet. Wenig später wurde er angeklagt, verurteilt und gekreuzigt. Aus Angst davor, ein ähnliches Schicksal zu erleiden,  stoben die Jünger in alle Richtungen davon wie Mäuse in einem Zimmer voller Katzen. Mit Ausnahme von Petrus und Johannes flüchteten die Jünger in die Berge und versteckten

65

sich, zitternd vor Angst, hinter verschlossenen Türen. Und dort blieben sie das ganze Wochenende über.

Jesus war tot. Ihr Messias war ermordet worden. Der Sohn Gottes war niedergemetzelt worden, unbarmherzig an ein Kreuz genagelt. Und falls es noch nicht klar sein sollte, das war das offizielle «Game over» für die Sache mit Jesus. Das Ende. Finito. Nichts geht mehr. Der Nachspann rollt. Aus diesem «Reich Gottes», von dem Christus so oft gesprochen hatte, würde nichts werden.

Der Traum war ausgeträumt.

Trotzdem war die Lage immer noch heiß für die Jünger. Sie mussten sich für eine Weile bedeckt halten, bis sich die Sache ein bisschen abgekühlt hatte. Wenn die jüdische Obrigkeit und die römischen Befehlshaber diese neue geistliche Revolution ersticken wollten, dann war die Kreuzigung ihres Anführers ein guter Weg, um dieses Ziel zu erreichen. Und für einen Jünger war es nicht ratsam, in diesem Moment den Kopf aus dem Untergrund hervorzustrecken, wenn er nicht wollte, dass er ihm von einem römischen Schwert abgeschlagen wurde. Vielleicht würde er sogar selber gekreuzigt werden. Du wirst also verstehen, warum die Anhänger Jesu keine «Unter-dem-Kreuz»-Kundgebungen veranstalteten. Von wegen! Selbsterhaltung war die Devise. Es war der Moment, um am liebsten unsichtbar zu sein.

Vermisste Personen

An jenem Sonntagabend fand ein Geheimtreffen «der Zwölf» statt. Wir wissen nicht genau, warum sie sich trafen, aber wir wissen, dass zehn von ihnen anwesend waren (Judas hatte sich umgebracht, und Thomas war nirgends zu finden).

Vielleicht versammelten sie sich, um zu versuchen, sich einen Reim auf all das Geschehene zu machen. Vielleicht war es Zeit, die Köpfe zusammenzustecken und zu beraten, wie es weitergehen sollte. Vielleicht wollten sie auch nur einmal durchzählen und sehen, wer noch am Leben war!

Wahrscheinlicher ist, dass sie sich trafen, um über das unglaubliche Gerücht zu reden, Jesus sei von den Toten auferstanden. Einige der Frauen hatten es in die Welt gesetzt, doch die Männer wollten ihnen die Geschichte nicht abkaufen. Heute würden wir diesen Frauen ein «postkreuztraumatisches Stresssyndrom» attestieren. Männer hatten damals nicht sonderlich viel Respekt vor Frauen.

Aus welchem Grund auch immer sie sich an jenem Abend trafen, Thomas war nicht dabei. Und in so einer kleinen Gruppe merkt man immer, wenn einer fehlt. Dann, während sie dort zusammen waren, tauchte Jesus auf! Lebendiger als je zuvor lud er die zehn Jünger ein, sich von seiner Auferstehung zu überzeugen. Johannes schilderte es so:

An diesem Sonntagabend hatten sich alle Jünger versammelt. Aus Angst vor den Juden ließen sie die Türen fest verschlossen. Plötzlich war Jesus bei ihnen. Er trat in ihre Mitte und grüßte sie: «Friede sei mit euch!»

Dann zeigte er ihnen die Wunden in seinen Händen und an seiner Seite. Als die Jünger ihren Herrn sahen, freuten sie sich sehr. (…)

Thomas, einer der zwölf Jünger, der auch Zwilling genannt wurde, war nicht dabei. Deshalb erzählten die Jünger ihm später: «Wir haben den Herrn gesehen!»

Doch Thomas zweifelte: «Das glaube ich nicht! Ich glaube es erst, wenn ich seine durchbohrten Hände gesehen habe. Mit meinen Fingern will ich sie fühlen, und meine Hand will ich in die Wunde an seiner Seite legen.» *(Johannes 20,19–20 und 24–25)*

Diese anschauliche Szene lehrt uns ein Lebensprinzip, an dem wir uns festhalten können. Es lautet so: «Wenn Gottes Volk zusammenkommt, lässt Gott sich sehen.» Aber die Sache hat einen offensichtlichen Haken: «Wenn du nicht dabei bist, wirst du es nicht erleben.»

Mit anderen Worten, wenn du dir die Gemeinschaft entgehen lässt, entgeht dir auch die Dynamik der Gegenwart Gottes unter den Gläubigen. Das wirft ein ganz neues Licht auf die Jugendgruppe und die Gemeinde, was? Stell dir vor, du würdest glauben, dass Gott sich in der Gemeinde blicken lässt. Ich glaube kaum, dass man dich dann noch am Sonntagmorgen an den Füßen aus dem Bett zerren müsste. Denk nur, wie aufregend es wäre, wenn deine Gemeinde damit rechnen würde, dass Jesus *da ist*, wenn ihr ihn anbetet.

Das soll nun nicht heißen, dass Gott nicht

auch bei dir wäre, wenn du allein bist. Aber hier geht es um etwas anderes. Es passiert noch etwas ganz anderes, wenn Christen sich zum Gottesdienst versammeln. Wenn du dein Neues Testament liest, stellst du fest, dass es zum größten Teil nicht an Einzelne, sondern an Gruppen von Gläubigen gerichtet ist. Das liegt daran, dass Gott nie wollte, dass wir allein durch unser christliches Leben gehen. Stattdessen sind wir so angelegt, dass wir aufeinander angewiesen sind. Der Verfasser des Hebräerbriefs schreibt: «Versäumt nicht die Zusammenkünfte eurer Gemeinde, wie es sich einige angewöhnt haben. Ermahnt euch gegenseitig dabeizubleiben. Ihr seht ja, dass der Tag nahe ist, an dem der Herr kommt» (Hebräer 10,25).

Gott im Hier und Jetzt

Gott erwartet uns, wenn wir in seinem Namen zusammenkommen. Die Bibel sagt uns, dass wir die Gemeinde, den Leib Christi, wirklich brauchen. Er möchte, dass wir erfahren, was es heißt, ein Teil seiner Familie zu sein. Wenn wir zusammen sind, empfangen wir:

- Zurüstung aus Gottes Wort;
- Ermutigung von Gottes Volk;
- Freude durch Gottes Gegenwart.

Wenn wir zusammen sind, bekommen wir etwas, das wir nicht bekommen können, wenn wir allein sind. Wir erfahren die «Größe» Gottes durch die Gemeinschaft, das gemeinsame Feiern, das gemeinsame Gebet und dadurch, dass wir erleben, wie Bedürfnisse gestillt werden. Wenn Gottes Familie zusammenkommt, dann nicht, um der Welt zu beweisen, dass Jesus lebt. Suchende und selbst skeptische Ungläubige sind immer willkommen, angenommen und geliebt, und wir sollten auch auf ihre Bedürfnisse eingehen. Aber andere zu erreichen ist nicht der Hauptgrund, warum wir als Gemeinde zusammenkommen.

Der Hauptgrund, warum Christen sich versammeln, ist: um Gott zu erfahren!

Die Frage ist nicht: «Glaubt die Welt an Gott?» Die eigentliche Frage ist: «Glauben die *Christen* wirklich, dass er lebt?» Glauben wir daran, dass da, wo zwei oder mehr in seinem Namen versammelt sind, er tatsächlich unter uns ist? Natürlich *ist* Gott überall, aber er wird nicht überall *spürbar* oder *erfahrbar*.

Seine Gegenwart sollte spürbar werden, wenn Christen zusammenkommen.

Wenn das so ist, wie sieht das dann in einer Gruppe heutiger Jünger aus? Was würde in deiner Jugendgruppe anders laufen, wenn Jesus sich jede Woche dort «blicken lassen» würde? Einen Hinweis dazu finden wir vielleicht, wenn wir uns das Beispiel der ursprünglichen Gemeinde anschauen. Wie lief es bei denen in der «Jugendgruppe»? Schau dir an, was Lukas dort beobachtete und in Apostelgeschichte 2,42–47 aufgeschrieben hat:

> Alle in der Gemeinde ließen sich regelmäßig von den Aposteln im Glauben unterweisen und lebten in enger Gemeinschaft, feierten das Abendmahl und beteten miteinander. Eine tiefe Ehrfurcht vor Gott erfüllte sie alle. Er wirkte durch die Apostel viele Zeichen und Wunder. Die Gläubigen lebten wie in einer großen Familie. Was sie besaßen, gehörte ihnen gemeinsam. Wer ein Grundstück oder anderen Besitz hatte, verkaufte ihn und half mit dem Geld denen, die in Not waren. Täglich kamen sie im Tempel zusammen und feierten in den Häusern das Abendmahl. In großer Freude und mit aufrichtigem Herzen trafen sie sich zu gemeinsamen Mahlzeiten. Sie lobten Gott und waren im ganzen Volk geachtet und anerkannt. Die Gemeinde wuchs mit jedem Tag, weil Gott viele Menschen rettete.

Jede Gemeinde heute hat ihre eigene unverwechselbare Persönlichkeit. Doch jene erste Gemeinde in Jerusalem hatte ein paar Merkmale, die für alle Gemeinden gelten sollten, egal, wo oder wie alt sie sind oder zu welcher Konfession sie gehören. Schauen wir uns ein paar davon an.

1. *Sie wollten etwas von Gott hören.* Wenn die ersten Christen sich trafen, war da ein Hunger danach, Gott reden zu hören. Natürlich gab es noch keine Bibeln, also hörten sie die Lehre der Apostel. Und wir reden hier nicht über irgendeinen langweiligen Redner oder eine dröge Bibelarbeit. Glaub mir, ich bin schon von lausig schlechten Rednern in Schlaf versetzt worden. Doch Jesus gab Gottes Wort an seine Jünger auf interessante Weise weiter – auf eine Weise, mit der sie etwas anfangen konnten (Johannes 17,6–8). Wenn du Gottes Wort in einer Sprache hörst, mit der du etwas anfangen kannst, wird dein Verständnis Gottes und des christlichen Lebens klarer und «lebbarer». Die frühere Gemeinde versammelte sich, um Gott reden zu hören, so wie sich die Jünger am Abend jenes ersten Ostertages versammelten. Thomas verpasste an jenem Abend die Gemeinschaft – und bekam deshalb nichts von Jesus zu hören.

2. *Sie wollten mit Gott reden.* Die frühe Gemeinde traf sich nicht nur, um von Gott zu hören. Ihnen gingen auch die Herzen über von dem, was sie ihm sagen wollten. Im gemeinsamen Gebet brachten sie all ihre Anliegen und Bedürfnisse vor ihn. In der Anbetung priesen sie ihn. Indem sie so einmütig vor ihn kamen, erlebten sie die kraftvolle Gegenwart Gottes. Außerdem erinnerten sie sich im Abendmahl regelmäßig an das Opfer, das Christus für sie gebracht hatte.

3. *Sie standen treu zueinander.* Jesus sagte seinen Anhängern, eine Sache würde vor allem anderen der Welt zeigen, dass sie wirklich seine Jünger seien. Was das war? Nun, nicht etwa ihre christlichen T-Shirts, ihre Jugendhäuser oder die Fähigkeit, mit einem auf dem Rücken gefesselten Arm aus dem Buch Amos zu zitieren. Sondern es war etwas noch viel Cooleres. Jesus sagte, ihre *Liebe zueinander* würde andere davon überzeugen, dass sie zu ihm gehörten (Johannes 13,35). Mit anderen Worten, die Welt wird erkennen, dass Gott real ist (dass er wirklich hier ist), wenn Christen einander Liebe erweisen, auch in harten Zeiten. Für jene erste «Jugendgruppe» bedeutete Liebe …

- Zeit miteinander zu verbringen (in der Gemeinde und in den Häusern).
- Einen gemeinsamen Schwerpunkt zu haben (Christus zu lieben).
- Opfer zu bringen, um gegenseitig ihre Bedürfnisse zu erfüllen (nämlich die materiellen und die geistlichen).

Ähnlich wie Soldaten in der Schlacht kümmerten sich die frühen Anhänger Jesu darum, dass niemand auf der Strecke blieb. Und es blieb auch niemand auf der Strecke. Leere Mägen wurden gefüllt, Schulden wurden bezahlt, gebrochene Herzen wurden geheilt, und jede Not wurde gestillt. Kurz, in der Gemeinde zu sein war klasse. Kein Wunder, dass die Menschen zu Hunderten dazustießen! Ist doch klar! Wo sonst in der Welt hätte man Leute finden können, die sich so aufrichtig und liebevoll für einen interessierten?

Was Thomas angeht, so war sein größtes Bedürfnis im Leben, den auferstandenen Christus zu sehen. Aber weil er diesmal lieber woanders war, verpasste er das, und sein Bedürfnis wurde nicht gestillt.

Ich glaube nicht, dass Thomas' Vergehen darin bestand, dass er ein *böser Zweifler* war. Überleg mal. Wenn man bedenkt, was ihnen an jenem Wochenende alles passiert war, hättest *du* es dann geglaubt, wenn jemand dir erzählt hätte, Jesus sei plötzlich aus dem Grab zurückgekommen? Ich kann durchaus verstehen, dass die Geschichte ein bisschen schwer zu schlucken war.

Nein, was Thomas zu schaffen machte, waren eigentlich nicht seine Zweifel. Sein Problem war, dass er sich nicht ganz zum Leib Christi stellte, als er ihn gerade dringend brauchte. Statt den «ungläubigen Thomas» sollten wir ihn vielleicht den «verschwindenden Didymus» oder den «abgetauchten Zwilling» nennen.

Das gleiche Prinzip gilt für uns heute. Wenn wir nicht überzeugt davon sind, dass wir unsere Brüder und Schwestern in der Gemeinde wirklich brauchen, werden wir nie motiviert sein, zu erleben, wie Gott uns begegnet, wenn wir dann doch einmal zusammenkommen.

Shannon war eine von diesen hochmotivierten Leuten. Obwohl sie nur einen Meter fünfundfünfzig groß war, stand sie in ihrer Schule kerzengerade für Christus ein und steckte für ihren Glauben eine Menge weg. Andere Schüler machten sich über sie lustig, schüchterten sie ein und bedrohten sie sogar – und sie vergoss so manche Träne darüber, wie sie sie behandelten. Aber sie ließ sich nie unterkriegen, sondern blieb während der ganzen Highschool und auf dem College standhaft.

Meine lebhafteste Erinnerung an Shannon ist die, wenn ich sie an den Mittwochabenden durch die Tür unseres Jugendraumes hereinkommen sah. Die Arme hoch erhoben und ein Lächeln so breit wie Texas auf dem Gesicht, stieß sie einen Jubelruf darüber aus, dass sie «zurück nach Hause» gekommen war. Nachdem sie die ganze Woche über in der Schule für alle der Punchingball gewesen war, konnte sie es kaum erwarten, wieder dahin zu kommen, wo sie Geborgenheit, Annahme, Liebe und Freundschaft fand. Sie rechnete immer fest damit, dass Gott sich blicken ließ und uns begegnete. Und das tat er auch. Für Shannon war die Gemeinde mehr als nur ein *Ort*. Es waren *Menschen*. Viele Menschen, die alle denselben Einen liebten.

Thomas' großer Patzer war, dass er an jenem Tag einen Alleingang machte. Er hatte sich den falschen Tag ausgesucht, um die Jugendgruppe zu verpassen.

«Oh mein Gott!»

Eine Woche nach der «Zweifelsepisode» erschien Jesus erneut seinen Jüngern, als sie sich trafen. Und diesmal war Thomas dabei. Hier kannst du lesen, was sich dabei abspielte:

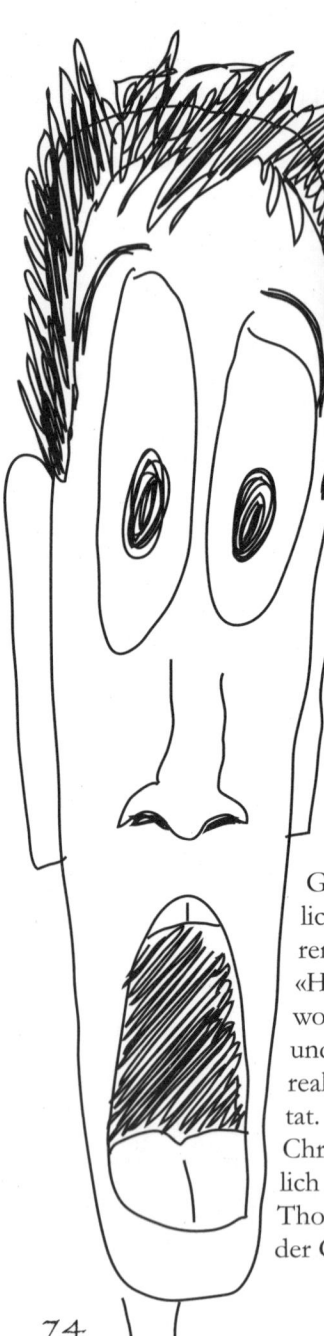

Acht Tage später hatten sich die Jünger wieder versammelt. Diesmal war Thomas bei ihnen. Und obwohl sie die Türen wieder abgeschlossen hatten, stand Jesus auf einmal in ihrer Mitte und grüßte sie: «Friede sei mit euch!»

Dann wandte er sich an Thomas: «Leg deinen Finger auf meine durchbohrten Hände! Gib mir deine Hand und leg sie in die Wunde an meiner Seite! Zweifle nicht länger, sondern glaube!»

Thomas antwortete: «Mein Herr und mein Gott!»

Jesus sagte zu ihm: «Du glaubst, weil du mich gesehen hast. Wie glücklich können erst die sein, die mich nicht sehen und trotzdem glauben!» *(Johannes 20,26–29)*

Kannst du dir vorstellen, was für ein Gesicht Thomas machte, als Jesus plötzlich auftauchte? Stell dir vor, wie die anderen Jünger alle nickten, als wollten sie sagen: «Haben wir dir doch gesagt, Alter!» Und obwohl Jesus Thomas einlud, ihn anzufassen und sich restlos davon zu überzeugen, dass er real war, wird nicht gesagt, dass Thomas das je tat. Stattdessen glaubte Thomas und bekannte Christus als seinen Herrn und Gott (wahrscheinlich verneigte er sich vor ihm). Jede Wette, dass Thomas die Woche darauf die Zusammenkunft der Gemeinde nicht verpasste.

Wie also kannst du die Gegenwart Gottes in deiner Jugendgruppe und deiner Gemeinde erfahren – selbst wenn andere es nicht tun?

Erstens: *Sei da.* Geh treu in die Gemeinde. Mach es zu deiner Priorität. Es wird immer auch andere Dinge geben, die du tun könntest (Hausaufgaben, Training, Fernsehen, Freunde, Arbeit usw.). Aber ehre Gott, indem du ihm treu bist.

Zweitens: *Sei engagiert.* Deine Brüder und Schwestern in Christus haben etwas, das du brauchst (und umgekehrt). Selbst wenn du das Gefühl hast, dass dich wenig mit ihnen verbindet, konzentriere dich auf das, was ihr in Christus gemeinsam habt. Lass dich auf ihr Leben ein.

Drittens: *Sei erwartungsvoll.* Wenn du auf die Lehre des Wortes Gottes hörst, rechne damit, dass er zu dir spricht. Wenn du ihn anbetest, erwarte, dass er zusammen mit deinem Lobpreis den Raum erfüllt. Wenn du das tust, wirst du die Gegenwart des auferstandenen Christus erfahren.

Wäre Thomas in der Nähe seiner geistlichen Familie geblieben, so hätte er den auferstandenen Jesus mit eigenen Augen gesehen. Er war nicht mit den anderen Jüngern in jenem verschlossenen Raum zusammen. Aber das macht ihn nicht lebenslänglich zum Loser. Auf keinen Fall bedeutet es, dass er es verdient hätte, für alle Ewigkeit der «ungläubige Thomas» zu bleiben. Er hat seine Lektion gelernt, also haben wir endlich ein Nachsehen mit ihm, okay?

Jesus lebt. Punkt. Und er ist da, wenn diejenigen, die von ihm persönlich berührt wurden, zusammenkommen, um ihn zu ehren.

Sag mal, hast du eine Jugendgruppe? Wenn ja, glaubst du, dass du diese Jugendlichen in der Gemeinde wirklich brauchst? Gehst du treu in diese Truppe? Oder hat deine Gemeinde eine Vermisstenanzeige für dich aufgegeben?

Ist die Gemeinde ein Sicherheitsnetz für dich? Eine Rettungsleine? Wirst du diese Woche damit rechnen, dass Gott zu dir spricht? Bist du bereit, deine Zweifel durch die Gegenwart Jesu zu überwinden? Wirst du dich mit Thomas verneigen und sagen: «Mein Herr und mein Gott!»?

Wie kannst du die Gegenwart Gottes in deiner Jugendgruppe und deiner Gemeinde erleben?

1. Sei da.
2. Sei engagiert.
3. Sei erwartungsvoll.

SECTION

Treue Versager:
Ermutigung von
den Überwindern der Bibel

CHAPTER 5

Weisheit & Wildheit

Warum fühle ich mich so leer?

SALOMO

Was würdest du tun, wenn du der reichste Mensch der Welt wärst? Was wäre, wenn du alles hättest, was dein Herz begehrt? Was immer du dir erträumtest, würde geschehen. Auf ein Fingerschnipsen hin würde dir die ganze Welt zu Füßen liegen. So viel Geld, dass du nicht genug Zeit hast, es auszugeben. Superberühmt. Leben im Luxus. Zu schön, um wahr zu sein? Von wegen, stimmt alles, und zwar erlebte das ein Mann namens Salomo. Das war ein Typ, der alles schon *gesehen* hatte, alles *besaß* und alles schon *getan* hatte. Nichts war für ihn unerreichbar, seien es Häuser, Geld, Diener, Jachten, Autos (upps … Pferde) oder Frauen.

79

Doch selbst mit all diesen Dingen merkte Salomo, dass er immer noch auf der Suche nach mehr war. Er stellte sich dieselben Fragen, die sich andere Leute auch heute stellen.

Wer bin ich?

Was ist der Sinn meines Lebens?

Bin ich wichtig?

Die Bibel sagt, Salomo sei auch der weiseste Mensch gewesen, der je lebte. Doch immer noch fehlte ihm etwas. Sein Leben fühlte sich unvollständig an, wie ein Puzzle mit einem fehlenden Teil. Also beschloss er, ganz wie ein Forscher, dieses fehlende Stück zu finden … und er nahm uns mit auf die Reise. Als Salomo sich zu seiner persönlichen Expedition aufmachte, hielt er seine Beobachtungen in seinem Reisetagebuch fest, dem Buch des Predigers.

Natürlich war König Salomo der unangefochtene Spitzenreiter der Forbes-World's-Billionaires-Liste. Er hatte die finanziellen Möglichkeiten, allem nachzugehen und sich alles zu kaufen, was ihm in die Augen sprang (Prediger 2,8). So viel Knete wie Salomo hast du nicht, so dass du nicht persönlich in seine Fußstapfen treten kannst. Aber du kannst trotzdem herausfinden, was er auf seiner Suche gelernt hat, indem du sein Reisetagebuch liest. Auf diese Weise kannst du mit einem Typen abhängen, der schon einiges hinter sich hat, einem, der genug gesehen hat, um dir zu zeigen, worum es im Leben wirklich geht. Stell dir vor, es ist eine «Lebenslektion von einem fünftausend Jahre alten Mann». Hier sind Salomos «Verkehrsregeln» für dich in vier leicht verständlichen Kategorien umrissen:

- ■ a) Beobachtungen: Was ich *gesehen* habe.
- ■ b) Unternehmungen: Was ich *getan* habe.
- ■ c) Schlussfolgerungen: Was ich *beschlossen* habe.
- ■ d) Nutzen: Was ich *gewonnen* habe.

a) Was ich gesehen habe

Bevor er zu seiner epischen Reise aus der
Einfahrt rollte, nahm Salomo sich die Zeit,
ein paar allgemeine Beobachtungen über das
Leben zu machen. Lies sie in deiner Bibel
nach und überleg, ob du meinst, dass sie
auch heute noch zutreffen.

Erste Beobachtung:
Leute kommen, Leute gehen (1,1–4)

Was ist der Sinn des Lebens?, fragt sich Salomo. Man
ist hier, dann ist man weg. Man wird geboren,
dann geht man durchs Säuglingsalter, durch die
Kindheit, die Jugend, durchs Erwachsenenalter,
dann wird man alt, und schließlich stirbt man. Und
wozu das alles? Jeder alte Mensch, den du siehst,
war irgendwann einmal siebzehn und dachte, er
würde für immer jung bleiben. Und jetzt gleitet er
langsam dem Tod entgegen. Unser Dasein auf der
Erde scheint ein sinnloser Kreislauf zu sein, der
nirgendwo hinführt. Das Leben ist nichts als
eine Reihe von Geburten und Beerdigungen,
und alles dazwischen ist *sinnlos*.

Zweite Beobachtung:
In der Natur dreht sich auch alles im Kreis (1,5–7)

Es gibt keinen wirklichen Fortschritt in der Natur. Sonne und
Mond bleiben immer in Bewegung, aber sie kommen nie irgendwo an! Was soll das? Alles ist nur eine sinnlose Monotonie.
Unser erbärmliches Dasein auf diesem Planeten läuft auf
nichts hinaus, genauso wenig wie der Planet selber. *Sinnlos!*

Tausende von Jahren später schrieb H. A. L. Fisher in seinem Buch *Die Geschichte Europas:* «Ein intellektuelles Abenteuer ist mir versagt geblieben. Menschen, die klüger waren als ich, haben in der Geschichte eine Handlung entdeckt, einen Rhythmus, einen vorgezeichneten Plan. Ich dagegen sehe nur eine Krise auf die andere folgen, wie eine Welle der anderen folgt.»

«Amen!», würde Salomo dazu sagen. «Das Leben ist so … so … ziellos.» Das einzige Muster, das er sah, war ein sinnloser Kreislauf.

Dritte Beobachtung:
Die Menschheit ist nie zufrieden (1,8)

Salomo schaut sich um und kommt zu dem Schluss, dass wir uns zwar ständig mit Dingen eindecken, aber nie zufrieden sind. Mehr Geld. Schnellere Autos. Größere Lautsprecher. Bessere PCs. Mehr romantische Beziehungen. Mehr Freunde. Mehr Bildung. Ein besserer Job. Ein anderer Ehemann oder eine andere Ehefrau. Egal was, das «gute Leben» ist nur eine Illusion. Nichts stellt uns zufrieden. *Sinnlos!*

Vierte Beobachtung:
Es gibt nichts Neues (1,9–10)

Das Leben ist laaaaaaangweilig. Es ist immer wieder dasselbe. Die Leute versuchen immer noch cool zu sein. Die Kinder lehnen sich immer noch gegen ihre Eltern auf. Leute erfinden immer noch neue Wege, um zu versuchen, glücklich zu werden, und denken, sie wären die Ersten, die sie erleben. Dabei sind es immer wieder dieselben Dinge, mit denen es die Leute schon seit Jahrhunderten versuchen (Geld, Sex, Macht, Intellekt usw.). Alles ist gleich. Sogar die Sünden sind immer dieselben. Sie werden nur anders verpackt.

Fünfte Beobachtung:
Niemand schert sich mehr um dich, wenn du weg bist (1,11)

Was hat die Schule für einen Sinn? (Ich bin sicher, die Frage hast du dir auch schon gestellt!) Warum sich einen Job suchen? Warum sich verlieben? Warum eine Familie gründen? Wozu? Bald bist du tot und begraben, und wen interessiert es dann noch, dass du überhaupt hier gewesen bist? Irgendwann verschwindet sogar dein Name von deinem Grabstein. Und was wird es für eine Rolle spielen, dass du in dieser Leere anwesend warst? Du bist weg und bald vergessen.

Der französische Schriftsteller André Maurois schrieb: «Das Universum ist gleichgültig. Wer hat es erschaffen? Warum sind wir hier auf diesem kümmerlichen kleinen Dreckhaufen, der durch den Weltraum kreist? Ich habe nicht den leisesten Schimmer, und ich bin überzeugt, dass niemand die geringste Ahnung hat.»

Salomo stimmte dem zu: So etwas wie *zielstrebiges Leben* gibt es nicht, weil es kein *Ziel* gibt!

Zu welchem Schluss kam er also? Das Leben ist vergeblich (1,14). So stand es zumindest auf seinem T-Shirt. Mit anderen Worten, das Leben ist nichts als ein sinnloses, banales, eitles, vergebliches, hoffnungsloses, deprimierendes, wertloses Herumirren in der Dunkelheit. Leben ist eine zwecklose Übung, bei der man sich nur im Kreis dreht. Es ist absurd, also … lasst uns feiern! Oder machen wir unserem Leben gleich ein Ende. Genauso wie viele junge Leute heutzutage stellte er sich die Frage: *Was soll das alles?*

Doch obwohl Salomo diese Vergeblichkeit wahrnahm, sagte er sich: *Wie kann ich ganz sicher wissen, dass es keinen Sinn und kein Glück im Leben gibt, wenn ich nicht selbst danach suche?* Um also ganz sicherzugehen, beschloss Salomo, sich kopfüber hineinzustürzen, und probierte neun verschiedene Beschäftigungen aus, um nach der Bedeutung aller Dinge zu suchen.

b) Was ich getan habe

Erste Beschäftigung:
Der «Einstein-Effekt» (1,17)

Als Erstes beschloss Salomo, es mit der Weisheit zu versuchen. In der heutigen Welt würde man sagen, er lernte, was das Zeug hielt, schaffte gute Noten, wurde Klassenbester, machte mit fliegenden Fahnen sein Abi und bekam ein volles Stipendium für die Uni. Für eine Weile war er sehr zufrieden mit sich, weil er so klug war, aber das Gefühl verging bald. Er merkte, dass er durch all das Wissen nur umso besser verstand, wie zwecklos das Leben war (1,18)! Also kam er zu dem Schluss, es sei besser, unwissend und glücklich zu sein. Weisheit kannst du also abhaken, sie ist nicht die Antwort.

Zweite Beschäftigung: Sommerferienspaß (2,1)

Das Klugsein machte Salomo nur Kopfschmerzen; also beschloss er, lieber seinen Spaß zu haben. Er wollte spielen, und er fand ein paar andere Spaßsucher, die sich ihm anschlossen. Bungeejumping, Fallschirmspringen, Feuerwerkskörper in

Briefkästen und Blumentöpfen anzünden, Einkaufszentren unsicher machen, ins Kino gehen und Streiche spielen. Jedes Vergnügen wurde vom nächsten noch übertroffen. Aber all der Spaß war wie Zuckerwatte ... lecker, aber ohne Substanz. Der Reiz schmolz rasch dahin und hinterließ ein nagendes Gefühl in seinem Bauch. Außerdem zog all dieses Ausleben seiner Freiheit ein paar ernste Konsequenzen nach sich (11,9). Spaß ist einfach nicht von Dauer. Nun hatte der König also Kopfschmerzen und Bauchschmerzen obendrein.

Dritte Beschäftigung: Comedy Club (2,2)

Der ganze Spaß machte Salomo nur traurig; also heuerte er, um sich aufzuheitern, die besten Comedy-Stars der Welt an ... *alle* – Adam Sandler, Jim Carrey, Robin Williams, Chris Tucker –, sie waren alle da ... sogar Dick und Doof! Er bekam Seitenstechen vom Lachen ... solange es anhielt. Doch als das Lachen verstummte, tat es ihm in der Seite immer noch weh, da, wo sein Herz war. Ist es ein Wunder, dass viele der größten Komiker unserer Zeit nach eigenem Eingeständnis zu den traurigsten, unglücklichsten Menschen überhaupt zählen? Gelächter kann das Elend der Leere des Lebens einfach nicht hinausschwemmen. Anders gesagt, ein leeres Leben ist einfach nicht witzig.

Vierte Beschäftigung: Her mit der Flasche! (2,3)

Immer noch unter der Leere leidend, beschloss Salomo, den Schmerz seines schweren Herzens mit Drogen zu betäuben. Also trank er ... eine Menge. Jeden Morgen, wenn er nach einem Saufgelage aufwachte, stellte er fest, dass er noch deprimierter war als am Abend zuvor. Und allmählich brauchte er immer mehr Alkohol dazu, um den gleichen Rausch zu erlangen. Und das Schlimme war, dass der Schmerz immer wieder zurückkam, sobald der Rausch verflogen war. Drogen konnten die quälende Wirklichkeit nicht vertreiben, dass das Leben auf diesem Planeten *nichts* war. Seine Schlussfolgerung? Es gibt kein Schmerzmittel für die Seele.

Fünfte Beschäftigung: Die Welt ist nicht genug (2,4–6)

«Okay, dann eben *Sachen!* Ich brauche einfach mehr *Sachen!*» Also baute sich Salomo riesige Gärten, Teiche und Weinberge (um sich mehr Wein zu machen!). Modern ausgedrückt, kaufte er sich einfach alles, was er wollte – Kleidung, digitale Geräte, PCs, PDAs, iPods, Laptops, Gitarren, Verstärker, Jetskis, Geländewagen, Autos und ein Haus am Strand. Doch jeder Tag hat nun einmal nur so und so viele Stunden, in denen man sich all dieser Dinge erfreuen kann, und man muss sein «Techno-Spielzeug» ja auch ständig updaten, um auf dem Laufenden zu bleiben. Bald wurde Salomo zum Sklaven seiner Spielzeuge – und das war langweilig. Wieder einmal … diese *Leere*. Das ganze Zeug stank ihm.

Sechste Beschäftigung: Image ist alles (2,7)

Wie jeder andere auch wollte Salomo gern beliebt und populär sein – er wollte *jemand* sein. Ist ja auch nichts Verkehrtes dran. Aber du musst bedenken, dass Salomo es sich tatsächlich leisten konnte, sich Bewunderer zu «kaufen». Also tat er das und deckte sich mit Sklaven ein, die ihn umgaben. Je mehr er davon hatte, desto wichtiger kam er sich vor. Doch wie jeder Prominente dir sagen kann, ist der Ruhm ein unzuverlässiger Freund. Sobald dein Song nicht mehr in den Charts ist, wenn das Gebrüll der Menge dem Zirpen der Grillen weicht, oder wenn du Bankrott erklären musst – dann siehst du, wie viele Freunde du noch hast. Oder wie wichtig du dir noch vorkommst. Diese ganze Sache mit dem «Image» war er bald leid. Popularität ist auch nicht das Gelbe vom Ei.

Siebte Beschäftigung: Ordentlich Schotter (2,8)

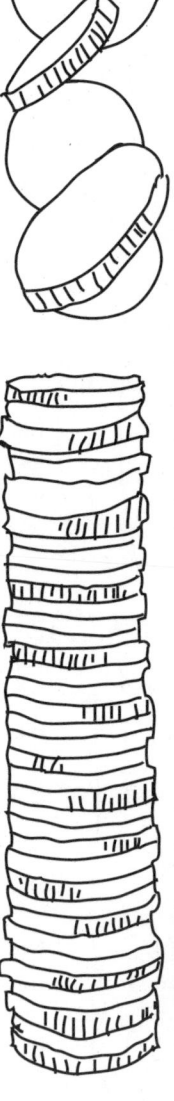

Salomos Cashflow war enorm. In einem Jahr betrug sein Grundeinkommen knapp vierundzwanzig Tonnen Gold, oder ungefähr zwanzig Millionen Euro (1. Könige 10,14)! Und das ist steuerfrei bar auf die Kralle! Hast du schon mal gedacht, wenn du nur ein bisschen mehr Geld hättest, wäre dein Leben besser? Ich schon! Denk nur, was du mit so viel Geld machen könntest. Zugegeben, man *kann* sich mit Geld eine Menge schöner Zeiten kaufen, aber Salomo fand dadurch auch nicht, was er suchte. Er stellte fest, dass Geld ihm auch nur eine Ersatzbefriedigung verschaffte. Money can't buy you love – für Geld kann man sich keine Liebe kaufen.

Achte Beschäftigung: Leben in der Playboyvilla (2,8)

Als Nächstes wandte sich Salomo einer der berauschendsten Beschäftigungen von allen zu: dem Sex. Er war ein richtiger Schwerenöter und fing mit praktisch jedem Mädchen, das ihm gefiel, etwas an (und heiratete sie schließlich auch alle). Und du kannst darauf wetten, dass er sie nicht nur mit in seinen Palast nahm, um mit ihnen in der Bibel zu lesen! Seine Gier nach Sex brachte ihn dazu, Frauen nachzujagen, deren Herzen weit weg von Gott waren. Und genau da landete sein eigenes Herz schließlich auch. Am Ende hatte er siebenhundert Ehefrauen und dreihundert Geliebte angesammelt (1. Könige 11,1–8). Doch obwohl Salomos sexuelle

87

Fantasien sich tausendfach erfüllten, wollte es die Ironie, dass er selbst unerfüllt blieb. Sex lässt sich prima verkaufen, aber außerhalb der Leitlinien Gottes kann er die tiefsten Sehnsüchte des menschlichen Herzens nicht befriedigen.

Neunte Beschäftigung:
König sein macht Spaß (2,10–11)

Als König von Israel besaß Salomo einen ungeheuren Einfluss, und durch seine Macht fühlte er sich beinahe wie ein Gott. Hmm, das hört sich vertraut an (1. Mose 3,5). Wenn der König etwas sagte, sprangen die Leute sofort auf, und es geschah. Wie Bill Gates (nur mit einer besseren Frisur) konnte er Leute einstellen, feuern, befördern, degradieren und sogar *hinrichten*. Aber auch König seines eigenen Reiches zu sein verlor schließlich seinen Reiz. Es wurde wertlos. Sein Verstand brachte ihn zu der Einsicht, alle Macht sei ein Haschen nach dem Wind (2,11). Und den Wind kann man natürlich niemals einfangen, nicht wahr?

Ich will ganz offen zu dir sein. All diese Dinge (Geld, Besitz, Popularität, Sex) können einem durchaus vorübergehend ein Gefühl des Erfülltseins, der Wichtigkeit und des Glücks verschaffen. Aber sie sind nur ein billiger Ersatz für das Eigentliche. Salomos Seele war wie ein Becher mit Löchern darin – er konnte einschenken, so viel er wollte, immer wieder floss alles heraus. Er konnte einfach nicht schnell genug gießen, um die Löcher auszufüllen.

c) Was ich beschlossen habe

Schließlich ging Salomo ein Licht auf, und er fügte das fehlende Teil zum Puzzle seines Lebens hinzu. Reich, gut aussehend und hochintelligent, hatte er ja schon immer gewusst, dass an ihm mehr dran war als nur Fleisch, Knochen, Hormone und Hedonismus (sprich: Streben nach Sinneslust). Er wusste, dass er in erster Linie ein *geistliches* Wesen war … mit *geistlichen* Bedürfnissen. Und alle geistigen, körperlichen oder emotionalen Spielereien konnten dieses Loch in seiner Seele nicht stopfen.

Seine drei Schlussfolgerungen sind die Schlüssel zu Sinn und Glück für dich und mich. Er ist hier ganz ehrlich zu uns. Kein Blendwerk mehr. Kein Zuckerguss. Keine Fotomontage. Und lass dich nicht davon beirren, dass sie sich so einfach anhören. Dies sind wahre und vertrauenswürdige Lebensgesetze. Sie sind Salomos «Verkehrsregeln», und sie funktionieren.

Erste Verkehrsregel: Genieße das Leben in vollen Zügen
(Prediger 2,24–25; 3,12; 5,18; 9,7)

«Das Beste, was ein Mensch da tun kann, ist: essen und trinken und die Früchte seiner Arbeit genießen!», schreibt Salomo. «Doch das kann nur Gott ihm schenken! Denn wer kann essen und genießen ohne ihn?» (2,24–25). Salomo kommt zu dem Schluss, dass man Vergnügen, Lebensfreude und Zufriedenheit, die echt und dauerhaft sind, erst dann erleben kann, wenn man Gott in die Gleichung seines Lebens hineinbringt. Wahres Vergnügen ist ein Geschenk von Gott, denn die Dinge, an denen du Freude hast, sind Dinge, die *er* geschaffen hat. Und er hat sie geschaffen, *damit* du Freude daran hast! Du hast seine Erlaubnis, dein Leben in vollen Zügen zu genießen! Er möchte, dass du aus jedem Tag das Beste herausholst (Prediger 8,15; 9,10; Kolosser 4,5).

Zweite Verkehrsregel: Nimm Gott ernst
(Prediger 5,1–6; 11,9–10)

Furcht ist nicht immer etwas Schlechtes. Sie kann manchmal sogar etwas sehr Gutes sein. Die Furcht davor, ein Spiel zu verlieren, kann dich motivieren, dich mehr anzustrengen und besser zu spielen. Die Furcht davor, eine Arbeit zu verhauen, kann dich dazu motivieren, mehr zu lernen. Die Furcht davor, dir mit viertausend Stichen das Gesicht wieder zusammennähen lassen zu müssen, kann dich dazu motivieren, an der roten Ampel doch lieber zu halten. Aber Furcht hat auch einen Platz in deiner Beziehung zu Gott. Wir alle brauchen eine gesunde Furcht vor Gott, damit wir ihm die Ehrerbietung und den Respekt entgegenbringen, die er verdient. Salomo erinnerte sich daran, dass Gott Gott ist, und gab uns den klugen Rat, diese Furcht werde uns davor bewahren …

- Gott voller Stolz zu begegnen (5,1–3),
- Gott Dinge zu versprechen, die wir nicht halten können (5,4–6), und
- die Saat der geistlichen Rebellion auszusäen (11,9).

Du *solltest* dich davor fürchten, ein mittelmäßiges, vergeudetes Leben zu führen. Indem du Gott ernst nimmst, kannst du diesen tragischen Fehler vermeiden.

Dritte Verkehrsregel: Denk frühzeitig an Gott
(Prediger 12,1 und 13–14)

Salomos letzte Regel ist ein Appell aus seinem tiefsten Herzen direkt an dich persönlich. Sie ist ein Aufruf zum Handeln vom weisesten Menschen, der je gelebt hat:

«Denk schon als junger Mensch an deinen Schöpfer, bevor die beschwerlichen Tage kommen und die Jahre näher rücken, in denen du keine Freude mehr am Leben hast» (12,1).

An deinen Schöpfer zu denken heißt, dass du dir täglich klarmachst, dass er das Recht hat, in deinem Leben zu herrschen. Es bedeutet, dass du Gott als den einzigen wesentlichen Faktor für ein glückliches Leben anerkennst. Es heißt, dass du verstehst, dass du ohne ihn bloß durchs All schwebst … dass du nur existierst und versuchst, «den Wind einzufangen». Es bedeutet, dass du verstehst, wie sehr du ihn brauchst.

Beachte, dass Salomo die Worte «schon als junger Mensch» hinzufügt. Warum sagt er das? Weil jeder von uns nur eine begrenzte Zeit zur Verfügung hat, um Gott an die erste Stelle in seinem Leben zu stellen. Nach den Jugendjahren wird das Menschenherz typischerweise kälter und abgehärteter gegenüber geistlichen Dingen. «Nutze den Tag», will Salomo damit sagen. «Jetzt ist deine Chance. Jetzt!»

Salomos Verkehrsregeln lehren uns, dass unser Leben dann am besten ist, wenn die Beziehung zu Gott für uns an erster Stelle steht. Er sagt nicht, dass Geld, Besitz, Macht, Vergnügen oder irgendeines dieser Dinge an sich falsch seien. Aber nur wenn wir Gott die Herrschaft über diese Bereiche überlassen, erleben wir wahre Lebensfreude.

Salomos Verkehrsregeln

- Genieße das Leben in vollen Zügen.
- Nimm Gott ernst.
- Denk frühzeitig an Gott.

d) Was ich gewonnen habe

Bevor wir Salomo ziehen lassen, wollen wir ihm noch eine Frage stellen. «Warum ist es so wichtig, uns an deine Verkehrsregeln zu halten?» Mit anderen Worten: «Was haben wir davon, wenn wir das Leben in vollen Zügen genießen, Gott ernst nehmen und schon jetzt an ihn denken?»

«Danke, dass du fragst!», erwidert Salomo. «Wenn du dich an meine Verkehrsregeln hältst, wird dir das eine Reihe von Vorteilen bringen.»

1. Du siehst das Leben klarer (3,1–11)

Wenn du deine Prioritäten richtig sortierst, ergibt das Leben plötzlich einen Sinn. Dieses Thema zieht sich durch die ganze Bibel. Wenn deine Prioritäten in Ordnung sind, siehst du deutlicher, worum es im Leben eigentlich geht. Du wirst klug und erlangst Weisheit wie ein Alter (Psalm  119,100). Du kannst dir einen Reim auf das Leben machen und die Lügen der Welt durchschauen, während andere blind bleiben (2. Korinther 4,4). Würde dir das etwa gefallen?

2. Du entdeckst den Sinn deines Lebens (3,11–13)

Wenn du Gott den ersten Platz in deinem Leben gibst, findest du Antworten auf Fragen, die sich jeder stellt, zum Beispiel: *Wer bin ich? Warum bin ich hier? Wozu wurde ich erschaffen?* Dadurch, dass du Gott kennst, bekommst du eine Identität, einen Sinn und einen Auftrag – einen Grund zu leben! Gott hat fantastische Dinge mit deinem Leben vor, und wenn du ihn suchst, werden dir diese Pläne offenbar werden (Jeremia 9,23; 29,11; Römer 12,1–2).

3. Du verlierst niemals die Hoffnung (3,17)

Gott ist fair. Er gibt jedem Menschen genau das, was er verdient. Das bedeutet, dass keine Sünde ungestraft bleibt. Es bedeutet aber auch, dass keine gute Tat unbelohnt bleibt. Er übersieht nichts. Deshalb kannst du dich darauf verlassen, dass er am Ende alles richtig macht. Zu dieser Hoffnung gehört auch sein Versprechen, dass er das großartige Werk, das er bei deiner Errettung in dir begonnen hat, vollenden wird (Philipper 1,6).

Wenn du das weißt, hast du Frieden im Herzen und in deinen Gedanken (Johannes 14,27; Philipper 4,7). Es bedeutet, dass alle deine Opfer und Kämpfe sich lohnen! Diese Hoffnung ist es, die dich davon abhält aufzugeben.

4. Du wirst dauerhaft glücklich sein (2,26; 3,22)

Sobald du das Leben mit den Augen Gottes siehst, fängst du an, den wirklichen Sinn des Lebens zu erfahren, die Lebensfreude, die er dir zugedacht hat. Es ist ein Lebensglück, das nicht davon abhängig ist, was dir passiert, sondern das in Christus und deiner Beziehung zu ihm wurzelt. Diese Lebensqualität ist es dann, die auch andere zu ihm hinziehen wird.

Hättest du Salomo mit einer Frau in jedem Arm auf einer Party getroffen oder ihn am Morgen nach einer durchsoffenen Nacht gesehen, so wärest du vielleicht zu dem Schluss gekommen, er sei ein totaler Loser. Vielleicht hättest du gedacht: *Was für eine Niete. Der weiseste Mann der Welt, und er vergeudet all diese Jahre mit Frauen, Sachen und sinnlosen Beschäftigungen. Das ist nicht klug, das ist dämlich!*

«Stimmt», hätte Salomo vielleicht geantwortet. «Ich habe viele Dinge getan, die mich ins Scheitern und in die Verzweiflung geführt haben. Aber am Ende habe ich mich doch als weise erwiesen, indem ich eingesehen habe, welche Rolle meinem Schöpfer in meinem Leben zukommt.»

Vielleicht sind deine Gedanken schon um Sex, Geld, Popularität, Besitz und all die anderen Dinge gekreist, in denen Salomo groß war. Oder vielleicht hast du selbst schon ein bisschen damit herumgeplänkelt. Oder vielleicht auch mehr als nur geplänkelt.

So oder so, Salomo stellt sich auf der Straße quer und warnt dich vor dem Leid und der Enttäuschung, die er erlebt hat. Schau dir diese sinnleeren Beschäftigungen ehrlich an. Dann tu einen Glaubensschritt zur Weisheit hin. Mach dir diese Verkehrsregeln zu eigen und genieße all die Vorzüge, die aus dieser Entscheidung erwachsen.

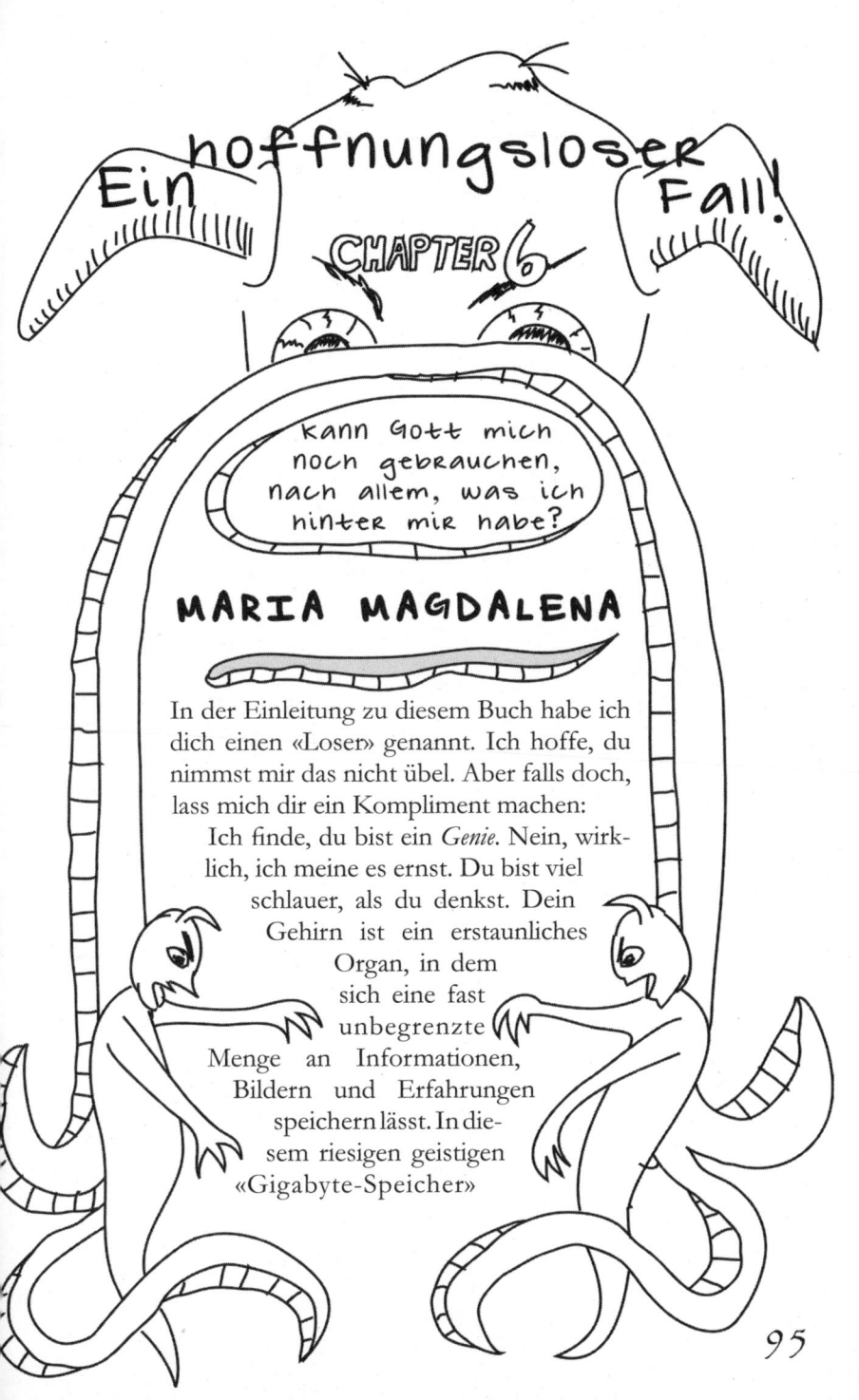

Ein hoffnungsloser Fall!

CHAPTER 6

> kann Gott mich noch gebrauchen, nach allem, was ich hinter mir habe?

MARIA MAGDALENA

In der Einleitung zu diesem Buch habe ich dich einen «Loser» genannt. Ich hoffe, du nimmst mir das nicht übel. Aber falls doch, lass mich dir ein Kompliment machen: Ich finde, du bist ein *Genie*. Nein, wirklich, ich meine es ernst. Du bist viel schlauer, als du denkst. Dein Gehirn ist ein erstaunliches Organ, in dem sich eine fast unbegrenzte Menge an Informationen, Bildern und Erfahrungen speichern lässt. In diesem riesigen geistigen «Gigabyte-Speicher» ist praktisch jeder Gedanke und jedes Erlebnis enthalten, die du je hattest. Und auf diese Erinnerungen kannst du zugreifen, wann immer du willst, mit einer Verbindungsgeschwindigkeit, gegen die eine Standleitung nichts ist!

Natürlich sind manche Erinnerungen lebendiger als andere. Manche sind wie alte Fotos. Mit der Zeit sind sie verblichen, haben ihre ursprüngliche Farbe verloren und sind schwer wieder hervorzurufen. Wie zum Beispiel die, von der dir deine Mutter erzählt hat, als du dir die Windel ausgezogen hast und nackt im Vorgarten herumgerannt bist. Und wenn du älter wirst, gleicht dein Autobahngedächtnis vielleicht mehr einer Landstraße, und es gibt immer wieder mal einen Stau auf den Informationswegen deines Gehirns. Das ist der Grund, warum dein Opa dich manchmal mit dem Namen deines Cousins anredet.

Stell dir vor, wie tragisch es sein muss, wenn man durch einen Unfall oder eine Verletzung sein Gedächtnis verliert. Denk an all die großartigen Erinnerungen, die dann weg wären – Videos und Fotos, auf denen die größten Momente deines Lebens festgehalten sind: wie du das erste Mal auf Wasserskiern standest, das Gefühl der «ersten Liebe», dein schönstes Weihnachtsfest, ein besonderer Geburtstag oder ein Familienurlaub. Das sind die Wohlfühlorte in deinem Verstand. Das Gedächtnis ist eine gute Sache.

Auf der anderen Seite haben wir alle ein paar Erinnerungen, die wir am liebsten vergessen würden. Aber wie sehr wir uns auch anstrengen, gewisse Erlebnisse, die in uns schreckliche Gefühle auslösen, werden wir einfach nicht los. Sie kleben in unseren Gedanken wie Leim. Wir können sie einfach nicht vergessen oder über sie hinwegkommen.

Deshalb sind manche Leute heute so unglücklich. Sie kommen einfach nicht über die Vergangenheit hinweg. Könnten sie nur Strg/Alt/Entf drücken und mit blank geputztem Arbeitsspeicher neu starten. Aber das geht nicht.

Die Vergangenheit kann uns alle manchmal verfolgen, und viele junge Leute heutzutage haben schon Probleme, die sie gerne loswerden würden. Manchmal vergehen Jahre, und wir denken schon, wir hätten sie überwunden. Doch dann ist der Schmerz plötzlich wieder da.

Vielleicht ermutigt es dich zu wissen, dass es den Leuten in der Bibel nicht anders erging. Es waren einfach nur Leute, die alle möglichen Lasten mit sich herumschleppten. Was für eine leidvolle Erfahrung dir auch einfällt, in der Bibel findest du garantiert jemanden, der sie tief in sich vergraben trägt. Tod, Sünde, Krankheit, Familienprobleme, Lügen, Mord, Ehebruch, Verlassenheit, Misshandlung, Verbitterung und Grausamkeit. Es mag nicht *genau dasselbe* Problem sein, in dem du steckst, aber du wirst in deiner Bibel fast identische Sünden und Schwierigkeiten finden.

Ein Teufel im blauen Kleid

Ein Fallbeispiel: Maria Magdalena – eine Frau aus der Ortschaft Magdala, daher ihr Beiname. Manche denken, Maria wäre die Prostituierte, der Jesus in Lukas 7 die Vergebung zusprach, aber das war eine andere Frau. Es ist sicherlich nicht leicht,

ein Leben als Prostituierte hinter sich zu lassen, aber Maria Magdalenas Problem war noch schwerwiegender – ob du es glaubst oder nicht.

Maria wurde von der Hölle selbst verfolgt.

Genauer gesagt, Maria hatte *sieben* Dämonen, die in ihr lebten! Diese üblen Teufel hatten sich in ihr häuslich eingerichtet. Sie führten das Kommando und hatten ihren Körper und ihr Denken übernommen. Sie war besessen.

Wie war es denn dazu gekommen? War sie eine

Götzendienerin? Eine Satanistin? Hatte sie sich mit Hexerei eingelassen? Wer weiß? Die Bibel sagt uns eigentlich nie, wodurch eine dämonische Besessenheit verursacht wurde. Eine weithin vorherrschende Annahme ist, dass ein Dämon in das Leben eines Menschen *eingeladen* werden oder zumindest durch eine bösartige Praktik wie etwa Okkultismus eintreten muss. Vielleicht war aber alles auch ganz anders. Wir wissen nicht, *wie* es geschehen war. Wir wissen nur, *dass* es geschehen war.

Und wenn ihre Besessenheit anderen Fällen ähnlich war, dann erlebte sie einige oder alle der folgenden Symptome:

■ Geistige Qualen: Starke Verwirrung. Tiefe, quälende Frustration. Perverse, böse Gedanken. Eine Unfähigkeit zu zusammenhängendem Denken.

■ Soziale Ausgrenzung: Abtrennung vom normalen Leben, von der Familie und von der Gesellschaft.

■ Emotionale Qualen: Realistische, grauenhafte Ängste. Albträume selbst im Wachzustand.

■ Körperliche Schmerzen: Selbstverstümmelung. Hartnäckige Narben als bleibende Erinnerungen an satanische Gefangenschaft.

■ Willentliche Versklavung: Böse Entscheidungen und obszöner Wortschatz. Beherrschtsein von einer Macht, die größer ist als man selbst.

Vielleicht waren diese gruseligen Merkmale an Maria zu beobachten. Wenn ja, dann war sie ein wildes, unbezähmbares Monster. Diese Frau aus Magdala erlitt Folterqualen in ihrer Seele und malträtierte vielleicht sogar andere. Unter dem Strich stand Maria völlig unter der Kontrolle einer Schar bösartiger Wesen, die in ihrem Körper wohnten. Hilflos war sie dem unwiderstehlichen Einfluss dieser sieben Dämonen ausgeliefert. Von innerlichen Qualen zerrissen, waren bei ihr Hopfen und Malz verloren.

Ein hoffnungsloser Fall.

Hausputz

Zum Glück für Maria ist Jesus ein Spezialist für hoffnungslose Fälle. Irgendwann auf ihrem Leidensweg begegnete Maria Magdalena dem Nazarener. Und an dem Tag, als Marias Weg sich mit dem von Jesus kreuzte, brach buchstäblich die Hölle aus. Die sieben Dämonen in ihr erkannten den Zimmermann aus Nazareth sofort. Als sie die Berühmtheit in der Menge entdeckten, wussten sie alle, wer er war. Sie wussten, dass sie in ihm einen weit mehr als ebenbürtigen Gegner gefunden hatten. Gegen ihn hatten sie keine Chance.

Hilflos wie ein Tannenzapfen in einem Tornado sahen sich die Dämonen plötzlich von der unendlichen Macht Christi umzingelt. Eine Schockwelle der Furcht durchfuhr sie wie ein Blitz, als der Schatten der Gegenwart des allmächtigen Gottes auf sie fiel. Höchstwahrscheinlich winselten sie um Gnade, wie andere Dämonen es getan hatten. Die sieben Geister, die anderen so viel Furcht und Qualen eingeflößt hatten, waren nun selbst voller Angst und Schrecken.

Die Bibel berichtet es zwar nicht, aber wahrscheinlich sprach Jesus nur ein einziges Wort – «Geht!» –, und sie fuhren aus Marias Körper aus wie Ratten, die von einem sinkenden Schiff flüchten. Ein langwieriger Exorzismus war nicht nötig. Auch kein religiöses Ritual. Auch keine

Beschwörungsformeln. Ein einziges Wort des Menschensohnes genügte, und sie waren fort.

Die Frau aus Magdala war frei.

Natürlich wären sie in voller Zahl bald wieder zurückgekommen, hätte nicht eine größere Macht in Marias Herzen Wohnung genommen (Matthäus 12,43–45). Doch zum Glück für Maria stand ihr Haus nun unter neuer Leitung. Sie war wieder bewohnt, nicht von sieben, sondern von einem. *Dem Einen.* Vor ihrem Herzen hing ein Schild mit der Aufschrift: «Kein Zimmer frei!» Sie war durch Jesus vollkommen geheilt und vollständig befreit worden. Und zum ersten Mal seit langer, langer Zeit war sie stabil, vernünftig, sicher … und *gerettet!*

Kannst du dir vorstellen, wie Maria zu Jesus aufblickte, sichtlich ausgelaugt von ihrem langen Leiden, und mit einem gereinigten, dankbaren Herzen in die lächelnden Augen ihres Retters schaute? Ihre Augen füllten sich mit Tränen, als ihr allmählich klar wurde, was da eben geschehen war. Sie konnte es kaum glauben. Nie wieder würden diese Monster ihren Namen schreien. Ihr realer Albtraum war endlich vorüber …

War er das wirklich?

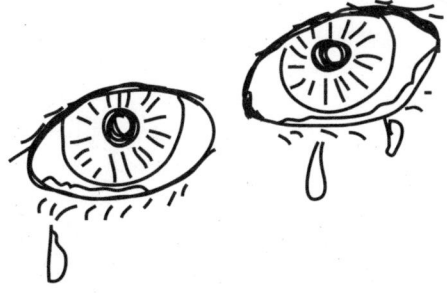

Höllische Hürden

An dieser Stelle hätte es auf verschiedene Weise weitergehen können. Maria hätte von Herzen «danke schön» sagen und zurück nach Magdala gehen können. Und niemand hätte ihr das verübelt. Jesus hat viele Menschen geheilt, die, nachdem ihnen

das Wunder zuteilgeworden war, einfach zurück nach Hause gingen.
Aber es hätte auch anders kommen können. Obwohl Maria von ihren Dämonen befreit war, hätte die schreckliche Erinnerung an ihre Gefangenschaft sie verfolgen können wie ein wiederkehrender Traum. Vielleicht gab es körperliche Verletzungen oder Entstellungen, die sie täglich an ihren dämonischen Leidensweg erinnerten. Die Dämonen waren fort, aber was war geblieben? Hatten sie Marias Geist in Trümmern zurückgelassen wie ein von feiernden Rockstars verwüstetes Hotelzimmer? Welchen bleibenden Schaden hatten sie ihr zugefügt? Und wie würde sich das auf ihr neues Leben mit Christus auswirken?

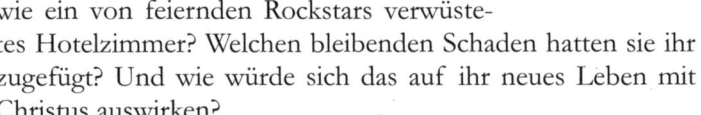

Denn seien wir doch realistisch. Eine so schwierige Vergangenheit ist schwer zu überwinden, egal, wer man ist. Sie kann ein starker Magnet sein, der einen unwiderstehlich zurück in die Dunkelheit zieht.

Nach Marias Befreiung hatten gewiss manche ihrer früheren Freunde, Angehörigen und Nachbarn Zweifel daran, dass «jemand wie sie» sich wirklich auf Dauer verändern konnte. Sie würde vielleicht für ein paar Monate «auf fromm machen», aber mehr auch nicht. Vielleicht würde sie eine Zeitlang unter dem Bann dieses galiläischen Zauberers stehen, aber schon bald würde sie aufwachen und das abschütteln. Sie würde wieder ganz die Alte sein. Es war nur eine Frage der Zeit.

Und die zwölf Jünger hätten sich an dieser Entmutigungskampagne beteiligen können. Sie hätten ihre neu entdeckte Leidenschaft für Christus ersticken können. Schließlich war es ganz und gar unüblich, dass Rabbis Frauen als Jüngerinnen hatten, und vielleicht wäre es diesem Männerverein lieber gewesen, wenn sie als Jungs unter sich hätten bleiben können.

Aber lass uns das Beste annehmen und davon ausgehen, dass die Jünger tatsächlich Maria mit offenen Armen in die Gemeinschaft aufnahmen. Trotzdem gibt es noch einen weiteren Grund, warum sie große Schwierigkeiten gehabt haben könnte, ihre Vergangenheit zu überwinden. Sicher, Jesus hatte ihr vergeben, aber würde sie auch in der Lage sein, diese Vergebung zu *genießen?* Würde sich ihr Leben wirklich verändern? Oder würde sie von Gefühlen der Schuld und der Unwürdigkeit gelähmt sein? Würde ihr früheres Leben sie verfolgen und in die Verzweiflung treiben? Würde Maria sich ständig fragen, ob sie wirklich ihre Vergangenheit hinter sich lassen und vorwärts in ein neues Leben gehen konnte? Würde sie sich ewig bei jedem Schritt über die Schulter umschauen, ob vielleicht die Dämonen wieder hinter ihr her wären? Würde sie als Jüngerin jemals bestehen können?

Derlei bedrohliche Hindernisse und riesige Hürden standen Maria vielleicht vor Augen, als sie ihre ersten Babyschritte als Christin tat. Und jede dieser Hürden hätte sie daran hindern können, ihr neues Leben mit Jesus auszukosten.

Denk zurück an die letzten paar Jahre. Wie viele deiner Freunde haben sich bei einem Jugendlager, einer Konferenz oder einer Freizeit entschieden, Christus nachzufolgen, nur um binnen weniger Wochen zurück in ihr altes Leben zu gleiten? Wie viele schafften es nicht, ihre Vergangenheit, die Dinge, die sie ursprünglich von Gott fernhielten, hinter sich zu lassen?

Und wo sind sie jetzt?

Keinen sauberen Schnitt gegenüber der Vergangenheit zu machen, ungesunde Einflüsse weiter in deinem Leben zuzulassen, keine neuen Freundschaften zu schließen, zurückzugleiten in alte Lebensweisen, ohne zuerst auf dem neuen Weg festen Tritt zu fassen – all das sind Gründe, die Jesus dafür nennt, dass Menschen im christlichen Leben auf der Strecke bleiben (Markus 4,1–20). Wir müssen uns der Tatsache stellen, dass es nicht immer leicht sein wird.

■   Es ist nicht leicht, sich aus langjährigen Freundschaften zu lösen.

- Es ist nicht leicht, eine Drogensucht zu überwinden.
- Es ist nicht leicht, über Zorn, Hass und Bitterkeit hinauszuwachsen.
- Es ist nicht leicht, die Scheidung der Eltern zu verkraften.
- Es ist nicht leicht, eine schwere Vergangenheit hinter sich zu lassen.
- Es ist nicht leicht, sich von einer Vergewaltigung zu erholen.
- Es ist nicht leicht, aus einem Abgrund der Depressionen herauszuklettern.
- Es ist nicht leicht, jahrelange Entbehrungen und Vernachlässigungen einfach zu vergessen.
- Es ist nicht leicht, Erinnerungen an sexuelle Misshandlungen oder Kindesmissbrauch auszulöschen.
- Es ist nicht leicht, eine Abtreibung zu verarbeiten.
- Es ist nicht leicht, sich von etwas loszureißen, was einen so lange beherrscht hat.

Nein. Es ist nicht leicht. Aber möglich ist es, wenn Jesus in dir lebt.

Weiterziehen

Zum Glück für Maria hatte sie die Antwort auf ihr Problem gefunden. Sie hatte sich einem Retter angeschlossen, der in dem Ruf stand, etwas zu tun, was noch  niemand getan hatte: nämlich Frauen Hoffnung zu geben. Jesus holte Frauen aus ihrem zweitrangigen sozialen Status heraus und stellte sie den Männern gleich (Galater 3,28). Er behandelte sie mit Würde, statt sie zu demütigen. Doch über all das hinaus schenkte Jesus Maria Vergebung, Befreiung und Heil. Sie war nun eine Freundin Gottes (Römer 5,10).

Wie also ging denn nun Marias Geschichte weiter? Wie reagierte sie auf Gottes Geschenk der Gnade und des Heils? Zu meiner Freude kann ich berichten, dass Maria zu einer der hingebungsvollsten und leidenschaftlichsten Nachfolgerinnen Jesu wurde. Sie unterstützte das Wirken Jesu auch finanziell (Lukas 8,2–3). Es gab vieles, wofür sie dankbar sein konnte, und sie zeigte ihre Liebe durch ihre treue Hingabe. Als alle Jünger außer Johannes sich zu Hause unter ihren Bettdecken verkrochen hatten, stand Maria bei ihrem Retter, während römische Soldaten ihn brutal an ein Kreuz nagelten (Johannes 19,25). Er bedeutete ihr so viel, dass sie seinen Leichnam für die Beerdigung vorbereiten wollte (Markus 16,1). Später brachte sie die Zutaten zu seiner Einbalsamierung mit und war nach seiner Auferstehung als Erste an seinem Grab (Markus 16,2).

Gottes Belohnung für Marias Hingabe war, dass sie die Erste war, die den auferstandenen Erlöser sehen durfte (Markus 16,9). Ihr Gespräch mit Jesus nach seiner Auferstehung ist eine Szene von solcher Zärtlichkeit, dass dir dabei die Tränen kommen werden (Johannes 20,11–18).

Es ist nicht zu leugnen – Maria hatte eine so schreckliche Zeit durchgemacht, wie sie nur wenige von uns je erleben werden. Doch sie überwand sie, ließ all das hinter sich und zog weiter zu einem brandneuen Leben mit Christus.

Was können wir von Maria lernen? Wie kann ihre Geschichte uns ermutigen? Wenn wir alles puzzlemäßig zusammensetzen, was wir aus der Bibel über sie wissen, können wir Folgendes an dieser bemerkenswerten Frau beobachten.

Erstens: Maria wollte immer da sein, wo Jesus war. Sie blieb so nahe bei Jesus, wie sie nur konnte. Ihr war es egal, ob er auf einem Berg predigte, es sich bei jemandem zu Hause gemütlich machte oder ob er sogar gekreuzigt wurde. Sie folgte ihm, wohin er auch ging, koste es, was es wolle. Sie nutzte jede Gelegenheit, um ihre Beziehung zu Christus zu vertiefen.

Zweitens: Maria blickte nie zurück. Obwohl es nicht in ihrer Macht stand, die Erinnerung an ihre Vergangenheit auszulöschen, konnte sie durch Christus die *Wirkung* auslöschen, die diese Erinnerung auf sie hatte. Sie brach die Macht der Vergangenheit, indem sie den Blick in die Zukunft richtete. Wie Maria müssen auch wir alles loslassen, was uns bei unserem Wettlauf zurückwirft (Hebräer 12,2). Gibt es in deinem Leben etwas oder jemanden, das oder der dich davon abhält, Jesus nachzufolgen? Wenn ja, dann muss es weg. Nutze die Kraft Gottes und lass es fallen wie eine schlechte Gewohnheit – *noch heute.*

Drittens: Maria demonstrierte ihre Liebe zu Gott. Sie investierte ihre finanziellen Mittel in seinen Dienst. Jetzt war sie *«jesusbesessen»*, und er hatte ihr Herz, ihren Geist, ihre Seele, ihren Körper – und sogar ihren Finanzhaushalt! Hat er dich auch ganz und gar? Ich bin überzeugt, dass Maria anderen ihre Geschichte erzählte, wo immer sie hinkam, und die Liebe, die Hoffnung und die Kraft weitergab, die aus einer Beziehung zu Jesus erwachsen.

Es gibt nur wenige Dinge, die aufregender sind, als jemanden nach einer «rauen» Vergangenheit zu Christus kommen zu sehen. Solche Leute sind wie Familienerbstücke, die aus einem Hausbrand gerettet werden. Sie sind Trophäen der Gnade, gestohlen aus Satans Privatsammlung. Es sind Menschenleben, die es wert sind, jeden Tag aufs Neue bejubelt zu werden.

Vielleicht denkst du jetzt: *Ich habe keine schwierige Vergangenheit. Eigentlich lief in meinem Leben alles ziemlich glatt. Da sind keine schweren Traumata oder Tragödien in meiner Vergangenheit, die ich überwinden müsste.* Infolgedessen fällt es dir vielleicht schwer, dich mit jemandem wie Maria zu identifizieren. Was also kannst du von dieser Frau lernen?

Nun, sie zeigt uns, dass niemand für Jesus unerreichbar ist. *Niemand.* Also pass auf, dass du niemanden als hoffnungslos abschreibst. Solange Menschen ohne Christus noch atmen, gibt es noch Hoffnung für sie.

Bete für sie.

Marias Geschichte kann uns auch daran erinnern, wie schwer es sein kann, sich von einer schwierigen Vergangenheit loszureißen. Das sollte dir helfen, Mitgefühl, Verständnis und

Geduld für andere aufzubringen. Denk daran, dass wir alle «Werdende» sind (Philipper 1,6).

Sei geduldig mit ihnen.

Das Wissen, dass Menschen wie Maria sich ändern können, sollte dich motivieren, Gottes Liebe an alle weiterzugeben. Der Christus, der in dir lebt, ist die einzige Hoffnung für die Menschheit. Gib diese Hoffnung weiter.

Versuche andere zu *erreichen*.

Und schließlich ist Maria aufgrund ihrer totalen Hingabe an Jesus eine der vorbildlichsten Nachfolgerinnen Christi in der Geschichte.

Folge ihrem Beispiel.

Ja, Maria kam über ihre schwierige Vergangenheit und ihr Loser-Image hinweg, aber über Jesus kam sie nie hinweg.

Wie ist es mit dir?

Verfolgt dich deine Vergangenheit? Gibt es Erlebnisse und Probleme, über die du einfach nicht hinwegkommst? Vielleicht tröstet es dich zu wissen, dass es den Leuten in der Bibel nicht anders erging. Was für eine leidvolle Erfahrung dir auch einfällt, in der Bibel findest du garantiert jemanden, der sie tief in sich vergraben trägt. Tod, Sünde, Krankheit, Familienprobleme, Lügen, Mord, Ehebruch, Verlassenheit, Misshandlung, Verbitterung und Grausamkeit – was immer du erlebt hast, in deiner Bibel wirst du garantiert jemanden mit denselben Sünden und Schwierigkeiten finden.

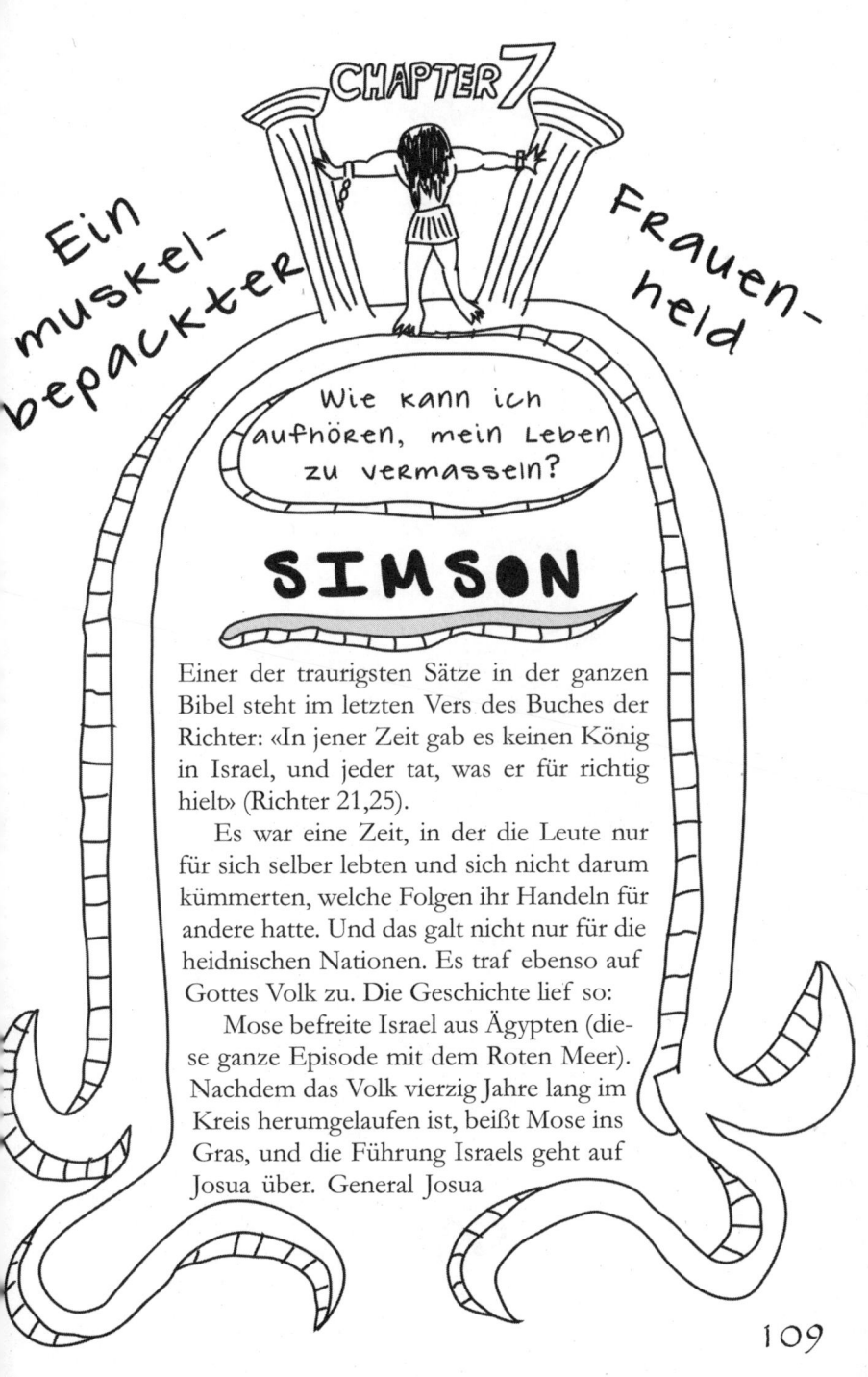

CHAPTER 7

Ein muskel-bepackter Frauenheld

Wie kann ich aufhören, mein Leben zu vermasseln?

SIMSON

Einer der traurigsten Sätze in der ganzen Bibel steht im letzten Vers des Buches der Richter: «In jener Zeit gab es keinen König in Israel, und jeder tat, was er für richtig hielt» (Richter 21,25).

Es war eine Zeit, in der die Leute nur für sich selber lebten und sich nicht darum kümmerten, welche Folgen ihr Handeln für andere hatte. Und das galt nicht nur für die heidnischen Nationen. Es traf ebenso auf Gottes Volk zu. Die Geschichte lief so:

Mose befreite Israel aus Ägypten (diese ganze Episode mit dem Roten Meer). Nachdem das Volk vierzig Jahre lang im Kreis herumgelaufen ist, beißt Mose ins Gras, und die Führung Israels geht auf Josua über. General Josua führt die Israeliten ins Land, das Gott ihnen versprochen hat. In der ersten Zeit, während sie das Land einnehmen, erringen sie manche Siege und erleiden manche Verluste. Doch mit der Zeit vergaß Israel, wie groß Gott ist, und fing an, sich genauso zu verhalten wie die heidnischen Nationen in der Umgebung. Darüber war der Herr natürlich nicht sehr erfreut, weshalb er Israel bestrafte, indem er zuließ, dass jene anderen Nationen es eroberten. Damit errang er ihre Aufmerksamkeit zurück, und sie schrien zu Gott und bekannten ihre Sünde.

Gott antwortete, indem er sie durch einen *Richter* oder Befreier rettete (daher das Buch der «Richter»). Diese Richter waren meist geschickte Feldherren, die das Volk Israel zum Sieg in der Schlacht führten. Doch dann, nachdem die Israeliten ein paar Jahre lang dem Herrn gedient hatten, fingen sie wieder an, heidnische Götter anzubeten, und der Kreislauf wiederholte sich:

Götzendienst.
Gefangenschaft.
Sündenbekenntnis.
Befreiung ...

Ganze sieben Mal vollzog sich dieser Zyklus. Und das bringt uns zu Simson, dem letzten der Richter.

Wie du wahrscheinlich weißt, besaß Simson unglaubliche körperliche Kräfte. Mit seinem massiven Körperbau war er wie der Unglaubliche Hulk in Sandalen; wie Schwarzenegger im Lendenschurz. Niemand konnte ihm etwas anhaben. Er konnte tonnenschwere Gewichte heben und kämpfte mit phänomenaler Behändigkeit. Doch seine Kraft verdankte er nicht endlosen Stunden in der Mucki-Bude. Seine Muskeln kamen aus dem Himmel, sie waren eine übernatürliche Gabe.

Um Simsons Geschichte zu verstehen, müssen wir uns sein Leben im Ganzen betrachten, angefangen mit seiner Geburt. Klicken wir uns durch die DVD seiner Lebensgeschichte.

Schicksalskind

Szene 1: Seine Geburt und Weihe (Richter 13)

Simsons Eltern konnten keine Kinder bekommen. Doch nach einiger Zeit bekam seine Mutter Besuch von einem Engel Gottes, der ihr die bevorstehende Geburt eines Sohnes ankündigte. Er wies sie an, den Jungen zu einem Nasiräer zu machen, also ihn dem Dienst für Gott zu weihen. Zu diesem Gelübde gehört, dass man sich des Alkohols völlig enthält, niemals etwas Totes berührt und sich niemals die Haare schneidet. (Samuel und Johannes der Täufer würden später dasselbe lebenslang gültige Gelübde ablegen.) Doch das Wichtigste an der Botschaft des Engels betraf Simsons Auftrag oder seine Lebensbestimmung, die nämlich darin bestand, zu «beginnen, Israel von den Philistern zu befreien» (13,5). Diese Befreiung ging zu Samuels Zeiten weiter und wurde während der Herrschaft König Davids vollendet (genauer gesagt, als er Goliath tötete).

Manoach (Simsons Vater) bat um einen erneuten Besuch des Engels, «damit er uns genau sagt, was wir mit dem Jungen tun sollen, den wir bekommen» (13,8). Er fragte auch nach dem Namen des Engels, erfuhr jedoch nur, dieser sei ein «Geheimnis» (13,18), wobei hier ein Wort steht, das in Jesaja

9,5 mit «wunderbar» wiedergegeben ist. Viele Bibelforscher glauben, dieser Engel sei der Sohn Gottes in der Gestalt eines Engels gewesen. Zu diesem Schluss kamen anscheinend auch Manoach und seine Frau, denn sie fielen ihm sogleich zu Füßen und sagten: «Wir haben Gott gesehen!» (13,19–22).

Einige Monate später wurde Simson geboren und begann heranzuwachsen. Nach einer Weile begann sich etwas in ihm zu regen (13,25). Jenes «Etwas» war ein Verlangen danach, seine Bestimmung zu erfüllen, derjenige zu werden, als der er gemacht war, und seinen Lebenszweck zu erreichen. Doch es regte sich auch noch etwas anderes in Simsons meisterhaft modellierten Gliedern. Neben einem unbestreitbaren Verlangen danach, seine Landsleute aus der Unterdrückung zu befreien, herrschte in ihm ein ebenso starker Drang, eine andere, weniger ehrenwerte Leidenschaft zu erfüllen.

Leben wie ein Rockstar

Szene 2: Simson heiratet eine Philisterin (Richter 14)

Als er die Schwelle zur Pubertät überschritt, ging es Simson ebenso wie allen jungen Männern in diesem Alter – ihn überkam die Neugier auf das andere Geschlecht. Wie du weißt, sind die Teenagerjahre eine Zeit der Veränderungen: körperlich, sozial und geistig. In dieser Zeit fangen Jungs an, sich um Dinge zu kümmern, um die sie sich bisher nie geschert haben, wie etwa ihr Aussehen, ihre Haare, ihr Deo, ihr Duschgel – *gute* Dinge! Jetzt, wo sie Mädchen zum ersten Mal richtig wahrnehmen, fangen sie sogar an, sie zu *mögen!* Du weißt schon, was ich meine, oder? (Pssst ... Mädels, ich verrate euch ein Geheimnis. Jungs haben sich in Jahrtausenden nicht verändert. Sie sind immer noch im Grunde nichts anderes als *Hormone in Turnschuhen*.) Simson war nicht anders, nur dass er Sandalen trug.

Dieses Interesse am anderen Geschlecht ist zwar natürlich und von Gott so eingerichtet, aber Simsons Verlangen nach Gott geriet gegenüber seinem Verlangen nach Frauen ins Hintertreffen. Dieser Drang ist wie ein Feuer – man muss ihn eindämmen, sonst gerät er rasch außer Kontrolle. Leider ließ Simson die Flammen in seinem Innern wild lodern und wurde zu einem Mann, der von seinen Emotionen und Hormonen beherrscht wurde. Er war ebenso versklavt unter seine lüsternen Begierden, wie Israel unter die Philister versklavt war.

Eines Tages fiel Simsons Blick auf eine philistäische Frau, und er forderte seine Eltern auf: «Sorgt dafür, dass ich sie heiraten kann» (14,2). Manoach und seine Frau erhoben gegen die Bitte ihres Sohnes zwei Einwände:

1. Es widersprach dem Gesetz Gottes, Nichtjuden zu heiraten (2. Mose 34,15–16; 5. Mose 7,1–4).
2. Die Philister waren Israels Erzfeinde.

Weniges ist für Elternherzen schwerer zu ertragen, als wenn ein Sohn oder eine Tochter ungesunde Entscheidungen trifft, besonders wenn es um Beziehungen und Liebe geht. Doch obwohl diese Ehe gegen das Gesetz Gottes verstieß, würde der Herr sie dennoch gebrauchen, um durch Simson seine Absichten zu verwirklichen (Richter 14,4). Vergiss nicht, Gott kann ein Scheitern in einen Sieg verwandeln!

Auf den Weg zu seiner zukünftigen Braut begegnete Simson einem Löwen und zerriss ihn mit bloßen Händen (14,6). Als er schließlich der Frau gegenüberstand, gefiel sie ihm ausnehmend gut. Nun ist es ja völlig normal, wenn man seine Verlobte gern hat, oder? Doch hier sehen wir

Simsons fatale Schwäche, den Makel im Charakter dieses starken Mannes. Er hatte nur Augen für die äußere Erscheinung dieser Frau. Simsons Sinnlichkeit war zu stark. Noch einmal, dieses Verlangen gehört zum Heranwachsen dazu, aber es kann sich sehr schnell in Sünde verwandeln, wenn es nicht der Herrschaft Gottes unterstellt wird.

Vielleicht erinnerst du dich noch daran, wie 2003 in Las Vegas der Varietékünstler Roy Horn schreckliche Verletzungen erlitt, als sich sein 350 kg schwerer Tiger auf ihn stürzte. Wie ein Blitz sprang das Tier Roy an, mitten in einem Kunststück, das er schon Hunderte von Malen vorgeführt hatte. Die Riesenkatze krallte ihre mächtigen Kiefer um Roys Hals und zerrte ihn über die Bühne wie ein schlaffes Stück Fleisch, bis sie ihn endlich losließ. So wurde Roy Horn auf die harte Tour erneut klar, dass Tiger im Herzen immer wilde Tiere sein werden. Das ist ihre Natur. In Nullkommanichts können  sie sich auf einen stürzen, und deshalb müssen sie in jedem Augenblick unter Kontrolle gehalten werden.

Man könnte sagen, dass Simson einen «Tiger in seinem Tank» hatte. Seine sexuellen Leidenschaften fielen wiederholt  über ihn her und trugen ihm einen Haufen Ärger und Leid ein. Und wo wir gerade von großen Katzen sprechen – auf dem Weg nach Hause sah Simson, dass sich in dem Kadaver des Löwen, den er getötet hatte, inzwischen Honigbienen eingenistet hatten. Er bückte sich, um von dem Honig zu kosten, womit er sein Nasiräergelübde verletzte (14,8–9). Später feierte Simson sieben Tage lang Hochzeit, wobei er wahrscheinlich Wein trank und somit sein Gelübde ein zweites Mal übertrat (14,10).

 Während jener Party gab er seinen dreißig Trauzeugen ein Rätsel zu lösen, wie es damals Brauch war. Falls sie es lösen könnten, versprach Simson ihnen allen einen neuen Anzug. Nach sieben Tagen Party wurde Simson in den Armen seiner

Braut schwach, und sie entlockte ihm des Rätsels Lösung. Sie verriet es den Trauzeugen, woraufhin Simson vor Zorn explodierte. Zur Vergeltung rannte er dreiundzwanzig Meilen weit in die Philisterstadt Aschkelon, tötete dort dreißig Männer und brachte ihre Kleider seinen Trauzeugen. Nachdem er dann eine Weile zu Hause geschmollt hatte, kehrte er zurück, um seine Braut heimzuholen, nur um festzustellen, dass sein Schwiegervater sie seinem Brautführer zur Frau gegeben hatte (14,11–15,1)! Statt ihrer bot er Simson schließlich ihre jüngere Schwester an.

Falsche Antwort.

Wieder sehen wir Simson vor Zorn in die Luft gehen. Er fängt dreihundert Füchse, bindet ihnen paarweise die Schwänze zusammen und befestigt Fackeln daran. Dann lässt er sie auf die Weizenfelder der Philister los. Daraufhin nehmen die Philister seine Frau und ihren Vater und verbrennen sie! (Nette Leute, was?) Simsons rachsüchtiger Geist kehrte sich gegen ihn und biss ihn wie ein Skorpion. Doch obwohl er nun die bitteren Früchte eines lüsternen Herzens erntet, hat er seine Lektion *immer* noch nicht gelernt.

Schlag auf Schlag

Szene 3: Simson metzelt die Philister nieder (15,7–20)

Schlag die Zeitung auf. Rache ist immer noch groß in Mode. Ein Palästinenser jagt einen israelischen Bus in die Luft. Daraufhin erschießt ein Israeli einen führenden Palästinenser. In amerikanischen Städten folgt auf die Ermordung an einem Jugendlichen zwei Tage später eine Erschießung aus einem vorbeifahrenden Auto am anderen Ende der Stadt. Rund um die Welt dreht sich unaufhörlich das Rad von Rache und Gewalt.

Zu Simsons Zeit war es nicht anders. Um sich für den Mord an seiner Braut zu rächen, metzelte Simson ein paar Hundert

Philister nieder. (Stell dir eine Schlachtszene aus «Braveheart» vor. Nicht gerade ein schöner Anblick. Das sind Kriege und die Tötung von Menschen niemals.) Dann versteckte er sich in einer Felsspalte und schmollte, während die Philister nach ihm suchten (15,8–9). Indessen versuchten dreitausend seiner israelischen Landsleute ihn davon zu überzeugen, er möge sich stellen, was er schließlich auch tat. Doch obwohl Israel sich damit zufriedengeben wollte, von den Philistern beherrscht zu werden, mochte Simson sich damit nicht abfinden. Er hatte andere Pläne.

Mit neuen Seilen gefesselt, wurde Simson zurück nach Lehi geführt. Plötzlich stürzten sie sich unter Kampfgeschrei auf ihn. Gottes Geist kam mächtig über Simson; er ergriff den Kieferknochen eines gerade getöteten Esels und schlug damit tausend Philister tot. *Tausend!* Später wurde die Stelle «Kinnbacken-Höhe» genannt. Kannst du das alles glauben?!

Nach diesem Kampf hatte Simson verständlicherweise Durst. Gott versorgte ihn mit Wasser aus einer Quelle (15,18–19). Doch Simsons Stimmungspendel war wieder einmal im Begriff, in die andere Richtung auszuschlagen: von Zorn und Rache zurück zur Lüsternheit.

Der Feind in meinem Bett

Szene 4: Simson trifft auf einen ebenbürtigen Gegner (16,1–3)

Simsons Leben mit Gott war entweder heiß oder kalt – dazwischen gab es nichts. Er war ein Mann der Extreme, dessen ungewöhnliche körperliche Stärke nur von seiner moralischen Schwäche übertroffen wurde. Wie ein Feuer kann das sexuelle Verlangen uns rasch verbrennen (Sprüche 6,26–

28). Und wir reden hier über Verbrennungen dritten Grades, deren Narben uns lange erhalten bleiben.

Einige Zeit nach seinem Sieg über die Philister, möglicherweise gegen Ende seines Lebens, ging Simson hinunter nach Gaza. Warum, wissen wir nicht. Jedenfalls sah er dort eine Prostituierte und verbrachte die Nacht mit ihr. (Mann, sehr zielstrebig geht der wirklich nicht auf seine Lebensbestimmung zu!) Rasch verbreitete sich das Gerücht, der mächtige Simson sei in der Stadt, und so umstellten die Philister das Haus und planten, ihn bei Tagesanbruch zu überfallen. Mitten in der Nacht wachte Simson auf, riss die Stadttore aus den Angeln und trug sie hinauf auf den Berg, wo alle sie sehen konnten. Nun war Gaza schutzlos. Stell dir diese Szene vor! Wie diese Muskeln sich wölben und er Holz und Eisen zerreißt wie Knete! Der Typ hat Power! Und obwohl Simson dort eigentlich gar nichts zu suchen hatte, benutzt Gott dennoch diese Situation, um seine Absichten zu verwirklichen.

Da war mal Haar

Szene 5: Simson wird von den Philistern gefangen genommen (16,14–21)

Simson war nun zwischen fünfunddreißig und vierzig Jahre alt. Wieder lernte er eine heidnische Frau kennen und verliebte sich in sie. (Wer hätte das gedacht!) Offenbar ist sexuelle Unmoral nichts, aus dem man mit dem Alter herauswächst. Sie ist nicht nur eine «Jugendphase» oder ein Teil des «Studentenlebens». Simson wechselte seine Sexpartner wie andere ihre Schuhe. Dass er nie zufrieden war und viel zu leiden hatte, war die direkte Folge davon, dass er *seinen* statt *Gottes* Leidenschaften folgte. Und nun ging er auf den nächsten Frontalzusammenstoß mit einer großen Enttäuschung zu.

Der Name dieser bevorstehenden Katastrophe war Delila. Ihr Name bedeutet *Verlangen* oder *Flirt*, und diesem Namen machte sie wahrhaftig alle Ehre. Berauscht von Gefühlen und Gier, redete Simson sich ein, sie sei die Frau seines Lebens. Oder vielleicht dachte er sich auch, Delila würde nur eine weitere Trophäe in seiner Sammlung weiblicher Eroberungen sein.

Doch im Gegenteil, diesmal war es Simson, der erobert wurde. Nachdem man ihr 1100 Silberstücke (ungefähr 2500 Euro) dafür geboten hatte, flirtete Delila, was das Zeug hielt, und verleitete Simson dazu, ihr die Quelle seiner Kraft zu verraten. Als Symbol seines Gelübdes vor Gott lag das Geheimnis seiner enormen Kraft in Simsons Haar (16,5–19).

Simsons Lebenszweck und seine Weihe vor Gott bedeuteten ihm inzwischen so wenig, dass er bereit war, das Geheimnis seiner übernatürlichen Stärke für einen Kuss zu verkaufen. Die Sinnlichkeit vernebelte ihm den Verstand. Wie eine Droge betäubte sie seine Sinne. Doch Simsons Problem war nicht so sehr ein gebrochenes Gelübde, sondern vielmehr eines, das er niemals wirklich ernst genommen hatte.

Mit Honig auf den Lippen und Gift im Herzen wurde Delila für ihr teuflisches Werk bezahlt (16,18). Sie schnitt Simsons Flechten ab. Und seine Kraft verließ ihn.

Delila spielte eine relativ kleine Rolle in Simsons Leben, doch ihre Wirkung war verheerend. Es ist wie bei einem Mädchen, das nach nur einem sexuellen Erlebnis schwanger wird. Oder wie nach ein paar Verabredungen, die schon ausreichen, um den Ruf zu ruinieren. Es war nicht die *Dauer* der Beziehung, sondern ihre *Natur*, die Simson zum Verhängnis wurde.

Und davon erholte er sich nie wieder vollständig.

Ein Tipp für dich: Geh den *Delilas* – den männlichen wie den weiblichen –, die in dir die Saat der Unmoral, des Unglaubens und der Lüge säen, aus dem Weg. Schütze dein Herz vor diesen Leuten. «Delilas» können auch *Gedanken*, *Prioritäten* und *Wertvorstellungen* sein – und sie sind zu finden in Büchern, Filmen und Zeitschriften, im Internet und sogar in deinem eigenen Herzen. Wie kannst du sie erkennen? Indem du sie am Maßstab des Wortes Gottes bewertest. Und dann mach dich mit Gottes Hilfe auf und geh daran vorbei.

Ich kenne junge Christen, die erkannt haben, dass es ihre nichtchristlichen Freunde oder Freundinnen sind, die sie fallen lassen müssen wie eine schlechte Gewohnheit. Sie haben diese schwere Entscheidung getroffen – haben nie zurückgeblickt und haben ihre Messlatte dafür, mit wem sie eine Freundschaft anfangen und mit wem nicht, höher gehängt.

Leider war Simson kein Mann mit hohen moralischen Maßstäben. Er war kein Mann des Buches (Psalm 119,11). Welche Ironie, dass der stärkste Mann der Welt nicht von Gladiatoren oder Armeen bezwungen wurde, sondern von einem zierlichen, hübschen Mädchen. Was Seile und Fesseln nicht vermochten, brachte ein bisschen Sinnlichkeit zustande. Simsons Hingabe an Gott bedeutete nichts, denn einer heißen Philisterbraut gab er sein Geheimnis bereitwillig preis.

Eines der größten Probleme Simsons war, dass er seine Schwäche nicht erkannte. Er war blind dafür, und genau wie bei dem griechischen Helden Achilles (dem mit der verwundbaren Ferse) wurde ihm seine ungeschützte Stelle zum Verhängnis. Eine Schwäche versteckt sich oftmals in einem blinden Fleck, und wir sind darauf angewiesen, dass andere uns darauf hinweisen. Jeder andere wusste genau, wo Simsons Schwächen lagen (die Philister, seine Eltern, Delila und *jede Frau, der er je begegnete*). Freunde machen uns auf unsere Schwächen aufmerksam. Feinde nutzen sie aus (Sprüche 27,6). Was ist deine «Achillesferse»?

Das Tragische ist, dass Simson nach seinem

Haarschnitt noch nicht einmal merkte, dass der Herr ihn verlassen hatte (16,20).

Und dann nahmen sie ihn gefangen.

Lass die Wände wackeln

Schluss-Szene: Simsons letzter Auftritt (16,22–31)

Die Philister, die nicht gerade für ihre Milde gegenüber ihren Feinden bekannt waren, stachen Simson buchstäblich die Augen aus (16,21). Autsch! Dann brachten sie ihn nach Gaza, fesselten ihn mit Ketten und warfen ihn in den Kerker. Erinnere dich, Gaza war es, wo er die Stadttore aus den Angeln gerissen hatte (16,1–3).

Tagsüber wurde er nun an Mühlsteine angeschirrt und musste Getreide mahlen. Das war eine mörderische Knechterei, die normalerweise von Eseln verrichtet wurde.

Doch während seines Sklavendaseins wuchsen Simsons Haare wieder. Und mit den Haaren kehrte auch der Verstand wieder zurück. Er wandte sein Herz wieder dem Herrn zu – zurück zu Gottes Absicht für sein Leben.

Eines Abends versammelten sich über dreitausend Philister (mit ihren Herrschern), um dem Dagon, ihrem Ernte- und Getreidegott, ein großes Opfer zu bringen (16,23–24). Für diese fiktive Gottheit, zu deren Kult auch Menschenopfer gehörten, waren etliche Tempel erbaut worden. Doch diese Tempel wurden zugleich auch als Veranstaltungszentren genutzt (ähnlich wie eine Konzerthalle oder ein Theater), in denen sich Tausende versammelten, um sich an der Folter und Demütigung von Gefangenen zu ergötzen. Es waren riesige Gebäude, abgestützt mit zwei gewaltigen Säulen auf steinernen Sockeln, mit einem Dach, das so groß war, dass Tausende von Leuten darunter Platz fanden!

An jenem Abend war Simson die Hauptattraktion und sollte sie mit seiner Kraft unterhalten. Bei diesem Philisterfest, an dem die ganze Stadt teilnahm, sollte gefeiert werden, dass Simson in ihre Hände gefallen war (16,23). Es war wie in einem Zirkus, und Simson stand in der Manege. Alle waren betrunken und hatten ihren Spaß daran, sich darüber lustig zu machen, wie der einst so mächtige Simson nun blind war und sich von einem Sklavenjungen an der Hand herumführen lassen musste (16,26). Was für ein erbärmlicher Anblick! Der gewaltige Simson – angewiesen auf einen kleinen Jungen. Das Letzte, woran Simson an jenem Abend dachte, waren schöne Frauen oder Sex.

Mitten in dem Gebrüll, Gejohle und Gelächter der riesigen Menge flüsterte Simson ein verzweifeltes Gebet: «Herr, mein Gott, erinnere dich an mich! Bitte gib mir noch dies eine Mal so viel Kraft wie früher» (16,28). Es war, als wollte er sagen: «Gott, ich weiß, ich habe es vermasselt. Ich bekenne dir, dass ich meine Berufung und meine Weihe ignoriert habe. Doch bevor ich sterbe, lass mich zu dir zurückkehren und meine Bestimmung erfüllen.»

Mithilfe des Jungen manövrierte sich Simson zwischen die beiden riesigen Säulen, setzte sein Zutrauen auf Gott und stemmte sich mit aller Kraft dagegen (16,30). Der riesige Tempelbau ächzte, knackte und bröckelte,

stürzte in sich zusammen und erschlug Tausende, darunter auch Simson.

Beschwert von vergangener Schuld und trotz seiner Sünde wurde Simson dennoch von Gott gebraucht, um noch einmal ein Zeichen zu setzen: für den Gott, der lebt.

Und die Moral von der Geschicht'?

Obwohl er von seinem häufigen Versagen gezeichnet war, brachte dieser Loser Simson am Ende einen starken Abgang zustande und landete doch noch in Gottes «Ruhmeshalle des Glaubens» (siehe Hebräer 11,32–33). Was also kannst du von Simson lernen?

1. Es ist traurig, wenn man dafür in Erinnerung bleibt, was man *hätte sein können*. Sein Potenzial nicht auszuschöpfen ist eine Tragödie, weil man die Zeit nicht zurückdrehen kann. Du hast nur *ein* Leben. Vergeude es nicht.

2. Trotz Versagen und Schwäche kann dich Gott immer noch gebrauchen, um seine Absicht für dein Leben zu verwirklichen.

3. Ein Bereich der Schwäche kann viele Stärken überschatten. Das ist die große Tragödie in Simsons Leben. Was, würdest du sagen, ist bei dir einer deiner schwächsten Bereiche?

4. Sexuelle Sünden haben oft sichtbare und bleibende Folgen, darunter Schuldgefühle, Schwangerschaften, emotionale Narben und irreparable Schäden an Beziehungen. Simsons sexuelle Narben waren wie Einstichspuren im Arm eines Heroinsüchtigen. Was tust du, um dich davor zu schützen, in sexuelle Sünde zu fallen?

5. Es ist nie zu spät, um von vorne anzufangen. Du kannst immer noch Gottes Gnade annehmen und seine Vergebung erfahren, so dass sich deine Niederlagen in einen Sieg verwandeln. So wie Simson und der Schächer am Kreuz kannst auch du beten: «Herr, denke an mich …» Wenn du in die Irre gegangen bist, Gott vergessen hast oder in Sünde gefallen bist, denk daran, dass Gott dich nicht vergessen hat.

Egal, was in der Vergangenheit passiert ist oder was du getan hast, du kannst immer noch zu jeder Zeit dein Herz gen Himmel richten und das Rennen wieder aufnehmen.

Es ist nie zu spät, um von vorne anzufangen. Du kannst immer noch Gottes Gnade annehmen und seine Vergebung erfahren, so dass sich deine Niederlagen in einen Sieg verwandeln. So wie Simson und der Schächer am Kreuz kannst auch du beten: «Herr, denke an mich …» Wenn du in die Irre gegangen bist, Gott vergessen hast oder in Sünde gefallen bist, denk daran, dass Gott dich nicht vergessen hat!

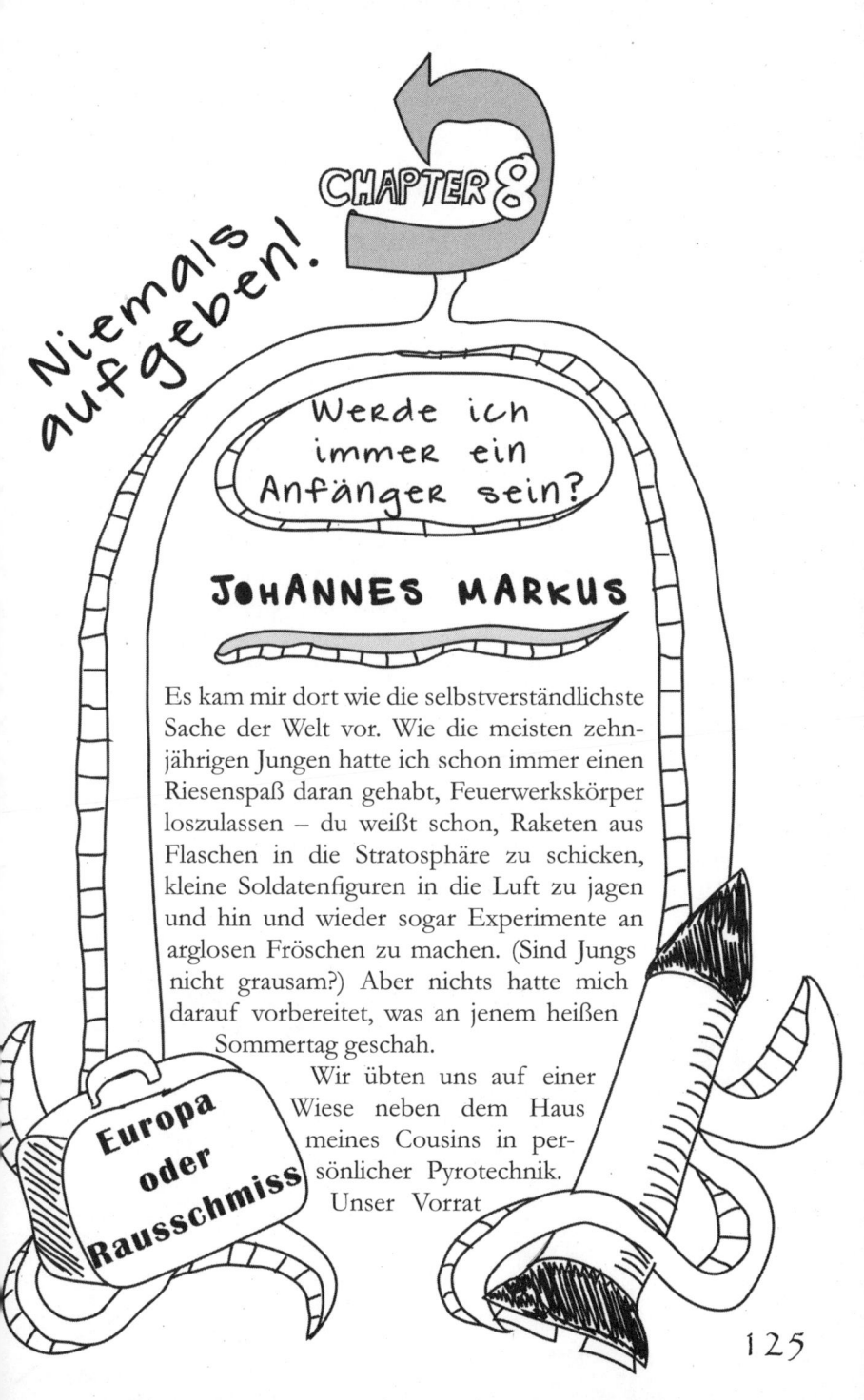

CHAPTER 8

Niemals aufgeben!

> Werde ich immer ein Anfänger sein?

JOHANNES MARKUS

Es kam mir dort wie die selbstverständlichste Sache der Welt vor. Wie die meisten zehnjährigen Jungen hatte ich schon immer einen Riesenspaß daran gehabt, Feuerwerkskörper loszulassen – du weißt schon, Raketen aus Flaschen in die Stratosphäre zu schicken, kleine Soldatenfiguren in die Luft zu jagen und hin und wieder sogar Experimente an arglosen Fröschen zu machen. (Sind Jungs nicht grausam?) Aber nichts hatte mich darauf vorbereitet, was an jenem heißen Sommertag geschah.

Wir übten uns auf einer Wiese neben dem Haus meines Cousins in persönlicher Pyrotechnik. Unser Vorrat

Europa oder Rausschmiss

125

an Chinakrachern war schon fast erschöpft, als mir ein komischer Geruch in die Nase stieg. Als ich mich in die Richtung drehte, aus der der Geruch kam, erblickte ich etwas, das man auf einem offenen Feld nie zu sehen bekommen möchte – Rauch!

Es war eigentlich gar nicht sehr viel Rauch, nur gerade genug, dass wir unbedingt hinüberrennen und die Ursache erkunden mussten. Als wir die Stelle erreichten, entdeckten wir ein kleines Feuer – ganz harmlos eigentlich. Rasch begannen wir es auszutrampeln. Doch aus irgendeinem seltsamen Grund ging es nicht aus. Im Gegenteil, das Feuer breitete sich immer weiter aus … mit einem Affenzahn! Trotz unseres verzweifelten Tanzes auf den Flammen wurde uns bald klar, dass wir den Kampf gegen die Feuersbrunst verlieren würden. Also taten wir das Naheliegende.

Wir hauten ab.

Komischerweise kam uns nie der Gedanke, Hilfe zu holen. Offenbar jedoch kam (zum Glück) jemand anderes auf diese Idee, denn schon bald hörten wir das Geheul einer Feuerwehrsirene. Inzwischen stand die Wiese schon zur Hälfte in Flammen. Ja, ich weiß, was du denkst. Wir hätten sofort 112 anrufen sollen. Das hätten die meisten Leute wohl auch getan. Aber damals gab es bei uns noch keine Notrufnummer (obwohl es Telefone gab!). Außerdem dachten wir wirklich, das Feuer würde irgendwann von selbst ausgehen.

Da irrten wir uns.

Schreib es der Tatsache zu, dass wir uns eben wie Kinder benahmen. Sagen wir einfach, unsere Problemlösungsfähigkeiten waren noch «im Bau». Infolgedessen reagierten wir nicht wie Erwachsene. Manche würden es Unreife nennen, und damit hätten sie recht. Zu meiner Freude kann ich jedoch berichten, dass ich im Lauf der Jahre eine Menge gelernt habe und inzwischen viel reifer geworden bin ... Zumindest weiß ich jetzt, wann ich die Feuerwehr rufen muss!

Wenn du über mich nichts anderes wüsstest, als dass ich einmal beinahe die ganze Welt in Brand gesetzt hätte, würdest du mich vielleicht für einen totalen Loser halten. Aber es steckt mehr in meiner Geschichte – viel mehr. Und dasselbe gilt auch für dich. Ich wette, du hast auch schon ein paar ausgesprochen dämliche Dinge in deinem Leben angestellt. Weißt du, so dumme Entscheidungen aus der Akte: «Was habe ich mir dabei bloß gedacht?» Wie zum Beispiel damals, als du dich aus dem Haus geschlichen hast, nur um an der Haustür von deinen Eltern empfangen zu werden, als du um vier Uhr morgens wiederkamst. Oder als du deiner Mutter die falsche Antwort gabst, als sie dich schimpfend fragte: «Hältst du mich etwa für blöd?»

Das ist Unreife (und ein bisschen Dummheit ist auch im Spiel).

Nun, es sollte dich trösten, dass die Bibel voller Geschichten von Leuten ist, die sich zu 'ner bestimmten Zeit in ihrem Leben unreif verhielten. Wüssten wir von ihnen nichts als nur diesen einen Vorfall, so würden wir zu dem Schluss kommen, sie seien die größten Versager ... *Loser* eben, die totalen Antihelden. Und deshalb brauchen wir den Rest der Geschichte.

Ziemlich jung für einen Jünger

Darf ich vorstellen: Johannes Markus, seines Zeichens Verfasser des Markus-Evangeliums. Obwohl wir so gut wie nichts über seine Kindheit wissen, ist zu vermuten, dass er noch ein Teenager war, als er Jesus zum ersten Mal begegnete (Markus 14,51–52). Hast du dir schon einmal vorgestellt, wie Teenager mit Jesus herumziehen?

Wir hören immer von den zwölf Jüngern, aber das waren erwachsene Männer. Wäre das nicht cool, schon als Teenager mit Jesus herumzuhängen? Johannes Markus war dabei. Er sah die Wunder geschehen und war vielleicht auch Zeuge des letzten Abendmahls. (Der Überlieferung zufolge versammelten sie sich im Haus von Markus' Familie.) Wir wissen, dass Markus Jesus und die Jünger zum Garten Gethsemane begleitete. Er sah die nahenden Laternen und das Aufgebot der Priester, das geschickt worden war, um den aufmüpfigen Prediger zu stellen. Von diesem Punkt an nahm die Sache einen üblen Lauf. Vielleicht aus der Deckung eines Ölbaumes heraus beobachtete Markus den ausbrechenden Kampf, der damit endete, dass Petrus jemandem ein Ohr abschlug. Während dieses Vorfalls wurde Markus selbst für kurze Zeit von römischen Soldaten ergriffen, schaffte es jedoch, sich aus seiner Kleidung herauszuwinden und in die Nacht zu flüchten ... *splitterfasernackt!*

Muss toll gewesen sein, als er nach Hause kam und seiner Mutter seinen Aufzug zu erklären versuchte.

«Ich? Missionar?»

Abgesehen von dieser Episode wissen wir nur wenig über Johannes Markus – obwohl man annimmt, dass er zu einem Gründungsmitglied der Jerusalemer Gemeinde wurde. (Sein Haus war eine Art «konspirative Wohnung» für die christlichen

Aktivitäten in jener Stadt.) Viele Jahre später versammelte sich dort die Gemeinde zum Gebet, während Petrus im Gefängnis saß (Apostelgeschichte 12,5).

Jahre vergingen. Markus war ungefähr dreißig, als sein Cousin Barnabas ihn mit seinem Freund Paulus bekannt machte. Barnabas und Paulus wollten zu einer Missionsreise aufbrechen, und Barnabas lud seinen Cousin Johannes Markus ein, mitzukommen. Diese missionarische Pionierfahrt als Dienstpraktikant für Paulus und Barnabas muss Markus wie das größte Abenteuer aller Zeiten vorgekommen sein (Apostelgeschichte 13,5).

Doch auf dieser Reise passierte etwas. Um es kurz zu machen, Markus ging die Luft aus, und er verließ Paulus und Barnabas und kehrte heim nach Haus. Die eigentliche Frage ist, warum? Was veranlasste ihn dazu umzukehren? Die Bibel berichtet uns, dass sie auf der Insel Zypern einen geringfügigen Zusammenstoß mit einem Zauberer hatten, doch abgesehen davon war nichts Traumatisches oder Lebensbedrohliches passiert. Es war nichts, verglichen mit dem, was Paulus und Barnabas in Ikonion erlebten, wo sie von einer wütenden Menge fast ermordet wurden. Und es war nichts, verglichen mit dem, was später in Lystra geschah. Dort ergriffen einige Juden aus ihrem religiösen Hass heraus den Paulus und steinigten ihn, zerrten ihn hinaus vor die Stadt und ließen ihn wie tot dort liegen (14,8–19).

Doch da war Johannes Markus schon längst zu Hause, und so bekam er von all diesen Verfolgungen nichts mit. Warum ließ er die Männer und die Mission im Stich? War er seekrank – oder einfach nur krank vor Heimweh? Stellte er seine Nützlichkeit in diesem Team infrage? Hatte er einfach nicht das Zeug zum Missionar? Hatte er nicht die Kosten überschlagen, bevor er sich gemeldet hatte? Löste die Konfrontation mit dem Zauberer eine angstvolle Erinnerung an jene schreckliche Nacht im Garten Gethsemane aus? Es war ja noch nicht einmal seine erste Missionsreise – schon zuvor hatte er Barnabas und Paulus auf einer Hungerhilfeexpedition nach Judäa begleitet (Apostelgeschichte 12,25). Was also war mit ihm los?

Im Grunde weiß das niemand. Warum auch immer, Johannes Markus kam schon früh zu dem Schluss, dass er genug hatte … Also machte er sich aus dem Staub. Verbuch es unter Unreife.

ZEUGNIS

ungenügend
ungenügend
ungenügend

XXX
yyy
zzz

Wie ist das mit dir? War dir schon einmal danach zumute, das mit der Nachfolge Gottes einfach aufzugeben?

Vergiss nicht, dass Markus inzwischen kein Teenager mehr war. Er war über dreißig, als er die «Missionsschule» hinschmiss. Demnach kann sein Versagen also doch keine *unreife* Entscheidung gewesen sein, oder?

Nun, zunächst einmal ist Unreife nicht nur etwas für Teenager. Sie hat nichts mit dem *Alter* zu tun. Sie hat etwas mit dem *persönlichen Wachstum* zu tun. Wenn zum Beispiel dein Vater plötzlich anfängt, im Wohnzimmer Disco zu tanzen, rennst du natürlich hin und machst die Vorhänge zu, damit keiner etwas von diesem peinlichen Spektakel mitbekommt, oder? Dabei steckt dahinter vielleicht nicht einmal Unreife. Vielleicht ist es einfach nur seine Art … nun, sagen wir … sich zu *erinnern*. (Übrigens, sei nett zu deinen Eltern. Sie verfügen über die erstaunliche Fähigkeit, dich nach Belieben in größte Verlegenheit zu bringen. Also sei gut zu ihnen. Räum dein Zimmer auf. Besteche sie, wenn nötig. Nur tu nichts, was sie dazu veranlassen könnte, schwach zu werden und sich vor deinen Freunden zum Hampelmann zu machen.)

Verstehen wir uns?

Also, Papas «Tanzfieber» ist nicht das «pubertäre Verhalten», von dem wir hier sprechen. Stell dir stattdessen vor, wie total abgedreht es wäre, wenn dein Vater plötzlich anfinge, am Daumen zu lutschen. («Äh … Papa. Was machst du da?») Oder wie bizarr es wäre, wenn dein Schuldirektor sich unter der Bettdecke verstecken und heulen würde: «Keiner mag mich dort in der Schule! Ich gehe da nicht wieder hin!» Oder wie verblüffend es ist, wenn Gemeindeglieder sich über die Farbe des Teppichbodens im Gottesdienstsaal streiten oder darüber, ob im Gottesdienst Schlagzeug gespielt werden darf. *Das* ist Unreife.

Wenn man es recht bedenkt, sind eine Menge Erwachsene unreif. Das liegt daran, dass die Reife nicht automatisch mit dem Alter kommt. Sie ist etwas, woran man arbeiten muss. Und manchmal führen schwierige Umstände zwangsläufig dazu, dass deine unreifen Bereiche an die Oberfläche kommen. Ich glaube, so ging es Markus. Obwohl er schon ein Erwachsener war und zweifellos Fortschritte in seiner Beziehung zu Gott machte, hatte er (so wie wir) immer noch ein ganzes Stück zu wachsen.

Dienst für Gott erfordert eine gewisse Reife. Es braucht ein gewisses Maß an Reife, einem siebzehnjährigen Drogensüchtigen zu erklären, warum Jesus besser für ihn ist als Kokain. Es braucht Reife, um jemandem zu zeigen, warum dein Gott der einzig wahre Gott ist. Fünftausend Meilen von zu Hause in Übersee oder sonst wo in einem anderen Land ganz auf den eigenen Glauben gestellt zu sein, ist etwas ganz anderes, als im Namen Christi einen leeren Platz zu fegen. Das soll nicht heißen, dass das nicht auch seinen Wert hat, aber die Mission des Paulus und des Barnabas war es, die gute Nachricht vom Messias zu Leuten zu bringen, die noch nie etwas davon gehört hatten – und die höchstwahrscheinlich auf diese Botschaft sehr skeptisch und feindselig reagieren würden.

Vielleicht spürte Markus das … vielleicht. Jede Stunde, in der er über das Mittelmeer segelte, brachte ihn weiter weg von der Sicherheit und Geborgenheit seines Zuhauses. Dieses Pioniermissionarsdasein war auch nichts besonders Glamouröses. Da gab es keine Fünfsternehotels. Keine Feinschmeckerrestaurants. Keine Garderobe vor dem Auftritt. Keine anderen Christen, die sie begrüßten oder ihnen Unterkunft gewährten. Keine gedruckten Prospekte, die ihnen zeigten, wo man am besten shoppen konnte. Keine Luxuskabinen bei ihrer Kreuzfahrt übers Meer. Keine Garantie, was sie erwarten würde, wenn sie ankamen.

Ihre Missionsreise würde ein hochriskantes Abenteuer sein, ein Flirt mit der Gefahr und vielleicht sogar mit dem Tod. Oh, und noch etwas – sie brachte einen Haufen harter Arbeit mit sich. Früh aufgestanden, ein langer Arbeitstag, spät zu Bett. Diese Evangelisationsexpedition würde ein gewaltiger Glaubenssprung sein – ja ein *Fallschirmsprung* des Glaubens. Und Johannes Markus hatte vergessen, einen Fallschirm einzupacken.

Der wiederkehrende Cousin

Vor einigen Jahren ging ich ein Risiko ein, indem ich einen meiner Studenten mit auf eine Missionsreise nach England nahm. Um ehrlich zu sein, ich fragte mich, ob er wohl die ganze Reise durchhalten würde. Ich war einfach nicht sicher, ob er für so eine Erfahrung schon bereit war. Doch ich dachte mir, selbst wenn er nicht viel evangelisieren könnte, so würde er doch zumindest bei der Soundanlage und beim Gepäck mithelfen können.

Zu meiner Überraschung entpuppte er sich dann als die einzige Person in unserem Team, die jemanden zu Christus führen konnte! Heute ist er Missionspastor in einer Gemeinde. Die Ironie wollte es, dass *ich* es war, nicht er, dem es an Glauben mangelte. Auf der anderen Seite gab es auch Zeiten, in denen ich wünschte, ich *hätte* Studenten nach Hause geschickt, weil sie einfach nicht reif genug waren, um diese Erfahrung zu verarbeiten.

Ich glaube, an diesem Punkt standen Paulus und Barnabas nach ihrer Rückkehr. Beide dachten unterschiedlich über Johannes Markus' Entscheidung, die Arbeit liegen zu lassen und nach Hause zu gehen. Als Paulus sich dann später auf seine zweite Missionsreise vorbereitete, schlug Barnabas vor, Johannes Markus mitzunehmen. Paulus antwortete: «Hast du den Verstand verloren? Beim letzten Mal hat er kaum ein paar Wochen durchgehalten. Wir können es uns nicht leisten, noch einmal das Risiko mit ihm einzugehen. Werden wir auch nicht. Hier steht einfach zu viel auf dem Spiel.»

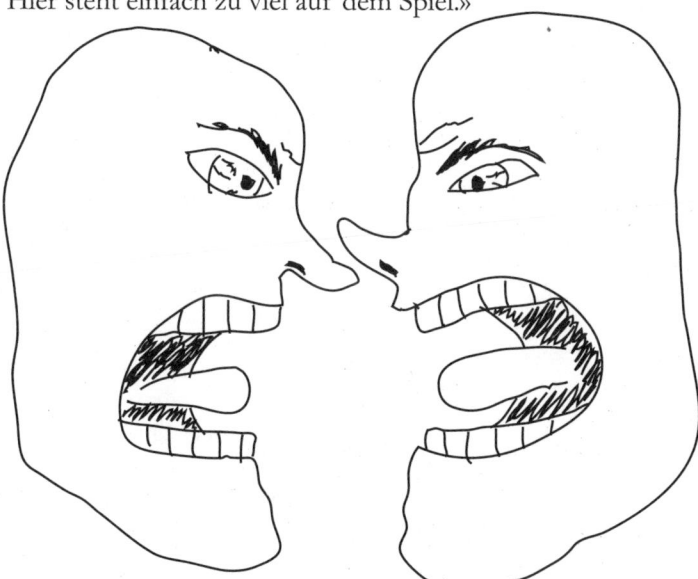

Nun, so hat er es vielleicht nicht wörtlich gesagt, aber so hat er es empfunden. Und so debattierten sie … na gut, genau genommen stritten sie darüber. (Ja, auch reife Menschen haben Meinungsverschiedenheiten und Auseinandersetzungen.) Ihre «scharfe Meinungsverschiedenheit» wurde sogar so heftig, dass sie sich trennten und ihre Dienstpartnerschaft aufkündigten. Jeder der Männer glaubte, in dieser Sache sei er selbst im Recht und der andere im Unrecht.

Paulus nahm Silas mit auf seine zweite evangelistische Expedition, während Barnabas Johannes Markus einlud, mit ihm nach Zypern zu segeln (Apostelgeschichte 15,36–40). Nun, das muss für Johannes Markus eine harte Zeit gewesen sein. Überleg mal. Er war als Missionar schon einmal gescheitert. Und wenn er früher den Apostel Paulus auf einen Sockel gehoben und so wie er hatte werden wollen, so hatte er dieses Ziel offensichtlich verfehlt. Mehr noch. Paulus hielt ihn jetzt für einen totalen Loser. Und wenn der größte Christ, der je lebte, meint, du seist ein Loser, dann ist das schon eine ganz schöne Pleite. Sicherlich sahen auch andere auf Markus herab – schließlich hatte die Meinung und Empfehlung von Paulus als Apostel in der Gemeinde eine ganze Menge Gewicht.

Johannes Markus hatte einfach nicht das Zeug dazu … So dachten die Leute zumindest.

Aber hier sprang Cousin Barnabas in die Bresche. Indem er ihn unter seine Fittiche nahm, begann Barnabas den langsamen Prozess, Johannes Markus' Selbstwertgefühl und seinen Glauben wieder aufzubauen. Barnabas nahm ihn mit

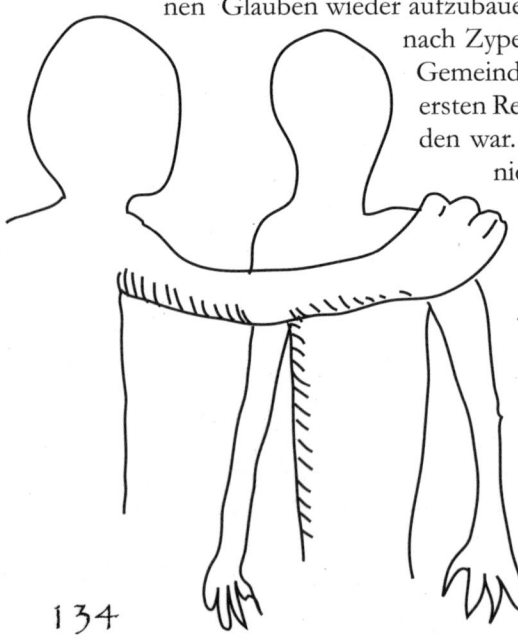

nach Zypern, wahrscheinlich um die Gemeinde zu besuchen, die bei ihrer ersten Reise dorthin gegründet worden war. Es war keine lange Reise, nicht gerade die ganz große Liga der Missionsarbeit. Aber vielleicht war das genau das Richtige für Johannes Markus – eine Chance, sich auf dieser Ebene zu bewähren, bevor er größere Aufgaben für Gott in Angriff nahm. Er brauchte Zeit, um in den Dienst hineinzuwachsen.

Jene Reise mit Barnabas zeigte Johannes Markus, dass er Gott immer noch dienen konnte. Vielleicht hatte er sich bei jener ersten Reise mit Paulus ein wenig zu viel zugemutet. Doch durch diese Erfahrung hatte er etwas über den Dienst, die Mission und besonders über sich selbst gelernt. Obwohl Paulus ihn, ohne lange zu fackeln, von der nächsten Reise ausschloss, sah Barnabas Potenzial in seinem jüngeren Cousin, wobei ich glaube, dass Barnabas noch andere Motive hatte als nur die Loyalität gegenüber einem Familienmitglied. Ich vermute, es hatte etwas damit zu tun, wer Barnabas war. Sein Name bedeutet nämlich «Sohn des Zuspruchs», und diesem Namen machte er wahrhaftig alle Ehre.

Leute, die Trost und Mut zusprechen können, sehen mehr als andere. Sie haben die Fähigkeit, das Potenzial in anderen zu erkennen. Sie besitzen die Gabe, verborgene Möglichkeiten in Leuten wahrzunehmen, die von anderen schon abgeschrieben wurden.

Im Lauf der Jahre haben Studenten oft zu mir gesagt: «Als niemand sonst mir eine Chance gab oder an mich glaubte, haben Sie es getan.» Das ist eines der größten Komplimente, die ich je bekommen werde.

Genau das war es, was Barnabas für Johannes Markus tat. Er glaubte an ihn und gab ihm eine zweite Chance. Er sah Großes in Johannes Markus schlummern. Ironischerweise hatte Barnabas Jahre zuvor dasselbe für Paulus getan, als diesem niemand etwas zugetraut hatte (Apostelgeschichte 9,26–27).

Während dieser Zeit des Wiederaufbaus war's, dass Markus sich mit einem anderen Versager anfreundete, jemandem, der auch schon eine ziemliche Pleite gelandet hatte. Sein Name war Petrus, und wie der im großen Spiel danebengeschossen hatte, brauchen wir nicht lange zu erzählen. Weißt du noch, wie Petrus dreimal Christus verleugnete und Stein und Bein schwor, ihn überhaupt nicht zu kennen?

Petrus und Markus entwickelten eine enge Freundschaft; Petrus sprach sogar von Markus als «mein Sohn» (1. Petrus 5,13). Wer hätte ein besserer Mentor für Markus sein können als jemand, der selbst schon über ein großes Versagen hatte hinwegkommen müssen? Bald schilderte Petrus dem Markus in allen anschaulichen Einzelheiten das Leben und Wirken Jesu. Dies erwies sich als eine göttlich inspirierte Freundschaft, denn Markus fasste seine eigenen Erinnerungen mit denen des Petrus zusammen und war dann der Allererste, der ein neutestamentliches Buch schrieb. Wer hätte das gedacht?

Das nenne ich eine zweite Chance!

Wieder im Geschäft

Spulen wir noch einmal vierzehn Jahre vor. Wir haben nichts mehr von Johannes Markus gehört, und die Bibel sagt nichts über ihn. Dann plötzlich taucht er an einem ganz unwahrscheinlichen Ort wieder auf – in einer Gefängniszelle. Das ist schon überraschend genug, doch umso mehr, wenn wir herausfinden, dass er dort einen alten Freund besucht: *Paulus!*

Der Apostel drückt es so aus: «Aristarch, der zusammen mit mir im Gefängnis ist, lässt euch grüßen, ebenso Markus, der Vetter von Barnabas. Seinetwegen hatte ich euch ja schon geschrieben. Ich bitte euch noch einmal, ihn freundlich aufzunehmen, wenn er zu euch kommt» (Kolosser 4,10).

Markus war inzwischen in seinen Fünfzigern. Es war lange her, dass er nackt aus dem Garten Gethsemane geflüchtet war. Auch dass er sich von einer Missionsreise verdrückt hatte, lag nun schon zwanzig Jahre zurück. Das war Geschichte. Markus war seither mächtig gewachsen. In vielen Bereichen war er reifer geworden. Und Paulus ebenso. Tatsächlich besuchte Markus Paulus viele Male, während dieser seine letzten Tage in jener römischen Gefängniszelle zubrachte. Paulus fing sogar an, Johannes Markus zu vermissen, wenn er nicht dort bei ihm war, und fragte zumindest bei einer Gelegenheit ausdrücklich nach ihm (2. Timotheus 4,11). Er hätte um Besuch von jedem bitten können, aber er suchte sich Markus aus.

Ich glaube, Markus fand sich in diesem Gefängnis wieder, weil Paulus seine Einstellung geändert hatte. Paulus hatte gesehen, was geschehen war, als Barnabas Markus zu sich genommen hatte und für ihn zum Lebenscoach geworden war. Er hatte gesehen, was geschehen war, als Petrus an Markus' Seite trat. Den beiden war gemeinsam, dass sie versagt hatten. Doch auch die gemeinsame Liebe zu Jesus und der Glaube, dass Versagen niemals das letzte Wort ist, verband sie miteinander. Paulus konnte daran die Beobachtung machen, dass eine zweite Chance sich lohnt und dass es wichtig ist, Leute nicht wegen ihrer Unreife abzuschreiben. Vermutlich musste Paulus auch an die Zeit in seinem Leben zurückdenken, als Barnabas sich für ihn eingesetzt hatte.

Ich glaube, Johannes Markus war in jener Gefängniszelle, weil er im Lauf der Jahre enorm gewachsen war. Nachdem er anfänglich auf jener Missionsreise enttäuscht hatte, machte Markus zweifellos eine unsägliche Zeit persönlicher Ungewissheit durch. Barnabas und Petrus brachten ihm Gnade entgegen, und dieselbe Gnade konnte er dann auch an Paulus weitergeben. Schließlich kann man nicht verschenken, was man nicht besitzt.

Im Lauf der Zeit nahm Markus an persönlicher Reife immer mehr zu. Vielleicht überraschte es ihn selbst, wie sehr er wuchs. Als die Nachricht kam, dass Paulus im fernen Rom nach seiner Anwesenheit verlangte, konnte Markus gar nicht schnell genug seinen Koffer packen.

Die Reise von geistlicher Unreife zur Reife ist lang. Es ist eine lebenslange Reise, die dich von der Unwissenheit zur Einsicht führt, von der Feigheit zur Zuversicht, von der Tollkühnheit zum Verantwortungsbewusstsein.

Wir alle haben unsere Rückschläge und Stolpersteine auf unserem persönlichen Weg zur Reife. Das ist okay. Jede Phase des Lebens ist eine Lernerfahrung. Also rappel dich auf, schüttele es ab und geh weiter. Diesseits des Himmels wirst du nie zur Vollkommenheit gelangen, aber wo immer du bist, denk nur daran, dass Johannes Markus niemals aufgab.

Und das solltest du auch nicht.

Eingeschriebene Mitglieder des Loser-Clubs

Abraham *log* – bevor er zum Vater eines sehr großen Volkes wurde.

Sara *lachte über Gott* – durfte aber später das von Gott versprochene Kind zur Welt bringen.

Aaron *führte Israel in die Götzenverehrung* – wurde aber zum Oberhaupt der priesterlichen Linie.

David *beging Ehebruch und Mord* – doch später nannte Jesus ihn einen Mann nach dem Herzen Gottes.

Esther *war Gott ungehorsam, indem sie einen heidnischen König heiratete* – doch Gott gebrauchte sie, um die Juden vor der Ausrottung zu retten.

Petrus *verleugnete Jesus öffentlich* – und wurde dann später zum Leiter der Gemeinde in Jerusalem.

Elia *lebte in Furcht vor der Königin, lief davon, versank in Depressionen und bat Gott, ihn zu töten* – doch er beendete sein Leben in Herrlichkeit und fuhr in einem feurigen Streitwagen zum Himmel auf.

Der Schächer am Kreuz *war sein Leben lang ein Loser* – doch Jesus vergab ihm, kurz bevor er starb.

Gott gibt auch **dir** eine zweite Chance – egal, was du in deinem Leben getan hast.

SECTION

Vergessene Helden:
Inspirationen von den
Unbekannten der Bibel

CHAPTER 9

Glaube auf dem Dach

Was zählt schon mein Leben?

RAHAB

Vor langer Zeit, im amerikanischen Bürgerkrieg, gab es einen Mann namens Shadrach Rumsey. Gegen Ende jenes schrecklichen, blutigen Konflikts litt der Süden so verzweifelt unter Soldatenmangel, dass man sogar kleine Jungen und Männer im mittleren Alter zu rekrutieren begann. Als die Nachricht eine kleine Ortschaft im Norden Georgias erreichte, antwortete Shadrach auf den Ruf. Mit fünfundvierzig Jahren hatte der arme Farmer bereits ein hartes Leben gehabt. Nun, da er seine besten Jahre hinter sich hatte, war er wohl kaum das Ideal eines Fußsoldaten. Also setzte man Shadrach für den Rest des Krieges als Gefängniswärter ein.

Etwa fünfunddreißig Jahre später, mit achtzig, beantragte Shadrach eine Staatspension für alte Soldaten, als letzten verzweifelten Versuch, ein Einkommen für seine Familie zu erzielen. Inzwischen lebte er bei Verwandten und versuchte immer noch, sich als Farmer durchzuschlagen. Nachdem er den Antrag ausgefüllt hatte, gab es unten auf dem Blatt noch ein Feld für die Unterschrift des Antragstellers. Shadrach nahm einen Federhalter und setzte ein großes «X» auf jene Zeile. Daneben wurden die Worte «sein Zeichen» eingetragen, was heißen sollte, dass dies seine Unterschrift war.

Es war nämlich so, dass der alte Shadrach weder lesen noch schreiben konnte. Er war kaum mehr als ein analphabetischer Hinterwäldler. Und ich bin sicher, könnten wir ihn reden hören, so würden wir über seinen Akzent und sein unbeholfenes Englisch lachen. Ungebildet, arm, alt und arbeitslos. So starb Shadrach.

Ich zögere, dir diese Geschichte zu erzählen, weil ich nicht will, dass du dir etwas Falsches dabei denkst. Oh, ich mache mir keine Sorgen darum, was du über den armen Shadrach denkst. Ich zögere wegen der Dinge, die du über *mich* denken könntest. Denn weißt du, dieser Mann war mein Ururgroßvater, mein Vorfahr. Ich wünschte, ich könnte (so wie meine Frau) sagen, ich sei mit Benjamin Franklin verwandt, aber mein Stammbaum steht zu einem nicht unerheblichen Teil auf «faulen Wurzeln», von denen manche noch viel schlimmer dran waren als Shadrach.

Das ist also mein kleines Familiengeheimnis – dass manche meiner Verwandten ungebildete und völlig verarmte Hinterwäldler waren. Das ist die «Leiche im Keller» meiner Familie.

Und jetzt weißt du es.

Aber ich möchte dir noch ein anderes Geheimnis verraten. Es ist ein Familiengeheimnis, das noch viel schockierender ist als meines. Ja, ich werde gleich etwas sagen, was manche Leute für unangebracht und respektlos halten werden – vielleicht sogar für blasphemisch. Es ist etwas, worüber du vielleicht noch nie nachgedacht hast. Aber ich glaube, inzwischen kennen wir uns gut genug, also werde ich es einfach sagen. Nämlich Folgendes:

Jesus Christus hat eine Leiche in seinem Keller.

Das gehört zu den Dingen, die Leute wie ich lieber unter Verschluss halten würden. Es hat mit der Vergangenheit Jesu zu tun – mit seinem Stammbaum, um genau zu sein. Tatsache ist nämlich, dass der Ahnenreihe Jesu der Makel der Prostitution anhaftet. Ja, richtig gelesen. Der Sohn Gottes hatte eine Vorfahrin, die dem ältesten Gewerbe der Welt angehörte.

Überraschenderweise schämt sich Jesus ihrer nicht im Geringsten. Diese Frau war die Ururgroßmutter von König David. Und ihre bemerkenswerte Geschichte ist eben der Grund, warum es Christus überhaupt nicht peinlich ist, mit ihr verwandt zu sein.

Die Mauer

Unsere Geschichte beginnt in der antiken Stadt Jericho, vor ungefähr 3500 Jahren. Diese Frau, Rahab, verdient sich ihren Lebensunterhalt als Prostituierte. Wie sie zur Prostituierten wurde, wissen wir nicht. Doch seit Anbeginn der Zeit haben sich die menschliche Natur und die Gier nach Sex nicht

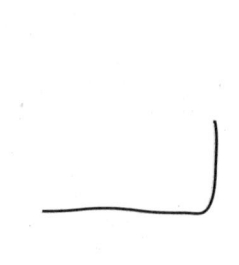

verändert. In jenen Tagen wurden müde Wanderer, die aus der Ferne in Jericho eintrafen, von Frauen begrüßt, die ihnen Sex für Geld anboten. Das war Rahabs Geschäft, und wie es in der alten Wendung heißt, «das Geschäft lief gut».

Jericho war eine befestigte Stadt, was hieß, dass sie von riesigen Mauern eingefasst war. Jene Mauern boten Schutz gegen fremde Armeen und Eindringlinge. Wir reden hier nicht über jugendliche Randalierer, die Briefkästen kaputtmachen, ja nicht einmal über Schießereien aus fahrenden Autos. Es war noch viel schlimmer. Es kam häufig vor, dass ganze Armeen plötzlich über eine Stadt herfielen – die Mauern zerstörten, die Häuser verbrannten, die Männer töteten und die Frauen und Mädchen entführten oder vergewaltigten.

Jetzt weißt du, warum sie diese riesigen Mauern hatten.

Diese Mauern waren sogar so dick, dass man *in* ihnen wohnen konnte. Die Behausungen der Prostituierten befanden sich oft an, in und auf der Mauer. Auf diese Weise konnten sie leichter die Reisenden ins Innere locken. Es war das Viertel mit den niedrigen Mieten. Dort wohnte Rahab, ganz in der Nähe des Stadttors.

Eines Tages traf Rahab am Tor zwei Fremde und überredete sie, mit zu ihr nach Hause zu kommen. Diese beiden Fremden erwiesen sich als israelitische Spione. Nach der fast vierzigjährigen Wüstenwanderung war General Josua bereit, das Land einzunehmen, das Gott ihnen Generationen zuvor versprochen hatte. Also hatte er zwei Undercover-Agenten losgeschickt, um die Stadt auszukundschaften und nützliche Informationen für ihren Schlachtplan zu sammeln.

Nun fragst du dich wahrscheinlich, was zwei Männer aus «Gottes Armee» in der Wohnung einer Prostituierten zu suchen hatten, stimmt's? (Falls du dich nicht danach fragst, halt einen Moment inne und frag dich jetzt danach …) Leider habe ich keine Antwort für dich. Vielleicht dachten sie sich, sie könnten sich bei ihrem Geheimauftrag besser tarnen, wenn sie zu einer Prostituierten gingen. In Kriegszeiten zahlt es sich aus, wenn man vermeiden kann, vom Feind entdeckt zu werden! Jedenfalls legten sie offensichtlich Wert darauf, dass ihre Anwesenheit geheim blieb.

Doch irgendwie sprach sich die Sache herum und drang an die Ohren des Königs von Jericho. Prompt ließ er Rahab von Soldaten auffordern, die Männer herauszurücken, damit sie als Spione hingerichtet würden. Stattdessen jedoch versteckte sie die Männer rasch und belog dann die Boten, indem sie sagte, sie hätten Jericho bereits verlassen. Sie kauften ihr die Lüge ab, und später, zur Schlafenszeit, stieg Rahab hinauf aufs Dach, wo sie die Spione versteckt hielt. Dort sprach sie ihnen gegenüber ein überraschendes Bekenntnis aus: «Der Herr, euer Gott, ist der wahre Gott oben im Himmel und hier unten auf der Erde» (Josua 2,11).

Damit bekannte sie im Grunde ihren Glauben, Gott habe die Stadt in die Hände Israels gegeben. Nun denk darüber mal einen Moment nach. Ist das nicht eine erstaunliche Aussage für eine heidnische, unmoralische, nichtjüdische Frau? Plötzlich bedeuteten ihr die heidnischen Götterfiguren, die schweigend auf ihrem Regal standen, überhaupt nichts mehr. Jahre, in denen sie nur für sich selbst gelebt hatte und von schmutzigen, betrunkenen Männern benutzt und missbraucht worden war, wurden plötzlich wie weggewischt von einer neuen Leidenschaft – der Überzeugung, dass das Heil nicht von irgendeiner dämonischen Gottheit kam, sondern von dem einen wahren Gott.

Das war vermutlich nicht das erste Mal, dass sie von dem Gott Israels gehört hatte. Jahwes Ruf hatte sich seit Jahren ausgebreitet und Jericho und das umgebende Land erreicht, lange bevor die beiden Spione aufgetaucht waren. Die Einwohner von Jericho hatten von dem Ereignis am Roten Meer gehört und davon, wie Gott andere Armeen vernichtet hatte, die sich Israel entgegengestellt hatten. Ihre Herzen vergingen vor Furcht vor einem Gott, der solche Dinge tun konnte.

Und Rahab ging es nicht anders.

Ihre Furcht wurde zu einer gesunden Motivation, die bevorstehende Invasion durch Israel zu überleben. Und als die Spione sie in ihre Pläne zur Zerstörung Jerichos einweihten, flehte sie sie an, das Leben ihrer Familie zu schonen.

Zum Lohn für ihre Gastfreundschaft versprachen ihr die Männer, sie und ihre Familie würden verschont, wenn Israel Jericho vernichtete. Noch in derselben Nacht verhalf Rahab ihnen zur Flucht, indem sie sie an einem roten Seil an der Außenseite der Stadtmauer herabließ. Sie wiesen Rahab an, dasselbe rote Seil in ihr Fenster zu hängen, wenn die Invasion begann, um es zu markieren, und ihre ganze Familie im Haus zu versammeln. Falls sie jedoch zu irgendjemandem auch nur ein Sterbenswörtchen von alledem sagte, würde sie nicht verschont werden. Und sobald die beiden auf und davon waren, hängte Rahab *sofort* das rote Seil ans Fenster. Rahab wollte kein Risiko eingehen.

Ungefähr eine Woche später überquerte Josuas Armee den Jordan, und die Eroberung begann. Sobald die Männer, die die Bundeslade trugen, ihren Fuß ins Wasser setzten, kam der Fluss zum Stillstand und zog sich zurück, genau wie es vierzig Jahre zuvor am Roten Meer geschehen war. Dies war ein erneutes anschauliches Zeichen dafür, dass Gott immer noch bei ihnen war. Das ganze Volk überquerte dann trockenen Fußes den Fluss.

In Erwartung der Schlacht wurde Jericho hermetisch abgeriegelt. Niemand konnte die Stadt betreten oder verlassen (Josua 6,1). Was Israel betraf, so hatte Gott Josua einen einfachen (wenn auch merkwürdigen) Plan vorgelegt (6,2–5). Seine Armee sollte sechs Tage lang jeden Tag einmal rund um Jericho marschieren. Die Bundeslade sollte den Zug anführen, gefolgt von sieben Priestern, die während des Marschierens auf Widderhörnern bliesen.

Am siebten Tag dann, so lautete die Anweisung, sollten sie sieben Mal um die Stadt marschieren. Dann, wenn die Priester ein letztes langes Signal auf ihren Hörnern bliesen, sollten alle aus Leibeskräften zu schreien beginnen, und die Mauern würden einstürzen. (Das war jedenfalls besser, als mit einem Dietrich am Stadttor herumzufummeln.)

Dieser seltsame Plan funktionierte tatsächlich. Nachdem die Stadt gefallen war, gab Josua Anweisung, dass Rahab und ihre Familie verschont werden sollten, und sie wurde mit ihren Angehörigen an einen Ort außerhalb des israelitischen Lagers gebracht (6,22–23).

Von nun an lebte Rahab unter den Israeliten, heiratete schließlich und bekam einen Sohn namens Boas (6,25; Matthäus 1,5). Boas heiratete Ruth – von der du vielleicht schon gehört hast. (Ein Buch der Bibel ist nach ihr benannt.) Sie bekamen einen Sohn namens Obed, der wiederum einen Sohn namens Isai hatte. Isai hatte mehrere Söhne – einer davon hieß David. Und falls es dich interessiert, kannst du den Rest des Stammbaums in Matthäus 1,6–17 nachlesen.

Er endet mit Jesus.

Himmlische Hure

Okay, lass uns an dieser Stelle innehalten und ein paar Beobachtungen machen. Erstens: Kann es etwas Unbedeutenderes geben als eine Prostituierte, die um 1400 v. Chr. in einer Stadtmauer in Palästina lebt? Ich meine, sag doch mal selbst. Was für eine größere Loserin sollte es damals gegeben haben? Nicht nur, dass das eine entartete Weise war, ihren Lebensunterhalt zu verdienen; es bedeutete auch, dass Rahab vermutlich aus einer armen Familie stammte. Sie hatte keinen sozialen Status. Keinen Stammbaum. Keine Klasse und offensichtlich keine Moral.

Damals gab es noch keine Kliniken für Geschlechtskrankheiten. Auch keine Verhütungsmittel. Rahabs Besitz bestand wahrscheinlich aus kaum mehr als einem Bett, einem scharlachroten Laken und etwas billigem Parfüm – alles, was sie an «Handwerkszeug» brauchte. Liebe oder echte Intimität hatte sie vermutlich noch nie erlebt, sondern nur die ständige, immer schlimmer werdende Selbsterniedrigung, die ein Leben in der Prostitution mit sich bringt. Rahab war eine Frau ohne Zukunft. Eine Frau ohne Hoffnung. Ein gewöhnliches Flittchen.

Sie war ein Nichts.

Aber wenn das Leben als Prostituierte sie irgendetwas gelehrt hatte, dann war es die Kunst des Überlebens. Ohne Aussicht auf ein besseres Morgen hing die Sicherheit ihres Arbeitsplatzes allein von ihrer Fähigkeit ab, sich immer wieder neu zu *verkaufen*. Doch der Tag würde kommen, an dem ihre Schönheit verblassen würde, und was sollte dann aus ihr werden? Allein, mittellos und mit leerem Magen würde sie gezwungen sein, sich der damals so zahlreichen Schar der Bettler anzuschließen. Oder schlimmer noch, sie würde zur menschlichen Aasfresserin werden und im Müll der Stadt nach Nahrung graben.

Als sie also von der bevorstehenden Invasion der berüchtigten Israeliten hörte, wurde ihr klar, dass sie, um am Leben zu bleiben, sich auf ihre Seite schlagen müsste. Die Entscheidung war zwar logisch, aber sie bedeutete, dass sie ihre Vergangenheit hinter sich lassen und einen neuen Weg beschreiten musste. In Jericho haftete ihr der Ruf der Prostituierten an. Unter dem Volk Gottes würde sie die Chance haben, noch einmal von vorn anzufangen und sich einen ganz neuen Ruf zu erwerben. Obwohl sie anfangs eine Außenseiterin war, würde sie letztendlich bekannt werden als die Frau, die die Spione und dabei auch sich selbst gerettet hatte. Vielleicht würde sie deswegen mit der Zeit von den Juden akzeptiert und sogar für so etwas wie eine Heldin gehalten werden.

Aber es steckt noch etwas mehr dahinter. Der Bibel zufolge sah Gott mehr in ihr als nur das, was sie in der Nacht, als die Spione zu ihr kamen, *getan* hatte. Sie hatte nicht nur zwei Spionen geholfen, sich aus der Stadt zu schleichen, sondern auch ihren Glauben an Jahwe als «Gott oben im Himmel und hier unten auf der Erde» bekannt. Zu dieser Überzeugung war sie in ihrem Herzen gekommen. Dass sie den Spionen zur Flucht verhalf, war mehr als nur ein Schachzug, um sich selbst und ihre Familie vor der Vernichtung zu bewahren. Ihr Handeln erwuchs aus *ihrem Glauben an Gott* (Jakobus 2,25). Sie glaubte daran, dass Israels Gott der wahre Gott sei. Sie wollte sich seinem Volk anschließen und Teil seiner Familie werden. Dass sie jene Spione in ihrem Haus aufnahm, war nur ein Zeichen dafür, dass sie den Gott dieser Spione in ihrem Herzen aufgenommen hatte.

Gott ehrte Rahab für ihren Glauben und machte sie zu einer Vorfahrin Jesu Christi, erklärte sie für gerecht und gab ihr schließlich sogar einen Platz in der Ruhmeshalle des Glaubens (Hebräer 11,31).

Aber warum? Was war an Rahabs Glauben so toll, dass Gott so viel Gefallen daran hatte? Ich glaube, es hatte damit zu tun, *wer* sie war, *wo* sie war und *«wann»* sie war.

Rahab war eine Hure, eine gescheiterte Existenz. Sie wohnte in einer Stadtmauer, die bald eingerissen werden würde. Und sie lebte in einer Zeit, in der jeden Moment eine Rotte radikaler Fanatiker über die Hügel strömen und dein Dorf angreifen konnte. Es gab keine Garantien, keinen Zivilschutz. Das nenne ich eine terroristische Bedrohung! Es gab kaum etwas, das man tun konnte, um sich zu schützen oder vorzubereiten, besonders wenn man in der Stadtmauer wohnte! Bei einem solchen Angriff würde man als Erster ins Gras beißen.

In dieser gefährlichen Zeit war es, dass Rahab beschloss, ihren Glauben an etwas Sicherem festzumachen. Sie wusste, dass sie das Heil brauchte, und so vertraute sie Gott und suchte bei ihm Sicherheit und Zuflucht – sie suchte das Heil.

In Jahwe erkannte sie ihre einzige Chance, ihr Leben zu verbessern, etwas Gutes für ihre Familie zu tun und jemand zu werden. Sie besaß nicht viel, aber sie hatte das eine, das für Gott das Allerentscheidendste war. Sie hatte *Glauben*. Das reichte. Ihr Vertrauen zu Jahwe war das Bilderbuch-Tor in der neunzigsten Minute, der alles entscheidende Home-Run. Durch den Glauben wurde ihr der Makel der Sünde abgewaschen und ihr anrüchiger Ruf durch ein bleibendes Vermächtnis ersetzt. Was für ein Vorbild für uns! Mag sein, dass wir sie immer noch «Rahab, die Hure» nennen – aber im Himmel nennen sie sie nicht so.

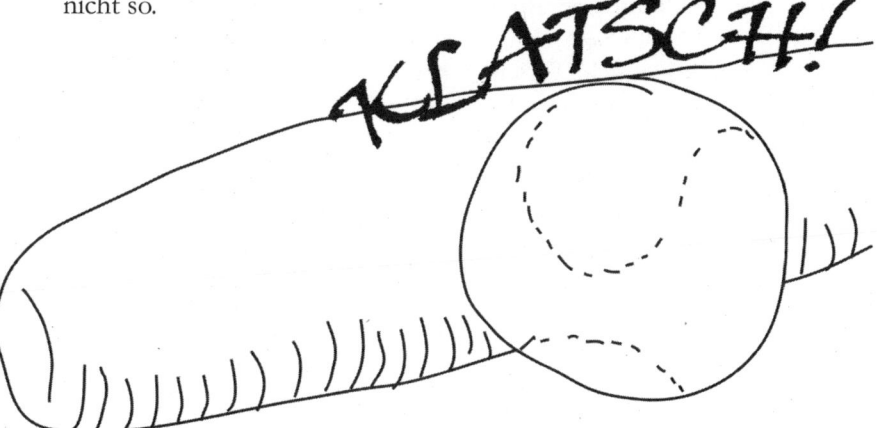

Von einer «Null» zum «Helden»

Und wer bist du? Bist du ein «Niemand»? He, das sind die meisten von uns hier. Diesem Loser-Club, dem du beigetreten bist, gehören jede Menge unbedeutender Leute an. Wir sind keine Filmlegenden oder Rockstars. Wir besitzen keine Privatjets oder Zweitvillen auf Jamaika. Wir sind vielleicht auch nicht die Klassenbesten oder überhaupt bei irgendetwas die «Kings of Swing». Wir passen zu dem gemalten Schild an der Tür eines Baumhauses bei uns in der Nachbarschaft:

«Niemand soll groß tun. Niemand soll klein tun. Alle sollen nur mittel tun.»

Das trifft auf die meisten Mitglieder dieses Clubs zu. Es sind ganz «normale Leute». Durchschnittlich. Gewöhnlich. Alltäglich.

Mittel.

Wenn das auf dich zutrifft, dann hab Mut. Es scheint, als ob Gott *wirklich* gern mit solchen Leuten zu tun hat.

> Schaut euch selbst an, liebe Brüder und Schwestern! Sind unter euch, die Gott berufen hat, wirklich viele, die man als gebildet und einflussreich bezeichnen könnte oder die aus einer vornehmen Familie stammen? Nein, denn Gott hat sich die aus menschlicher Sicht Törichten ausgesucht, um so die Klugen zu beschämen. Gott nahm sich der Schwachen dieser Welt an, um die Starken zu demütigen. Wer von Menschen geringschätzig behandelt, ja verachtet wird, wer bei ihnen nichts zählt, den will Gott für sich haben. Aber alles, worauf Menschen so großen Wert legen, das hat Gott für null und nichtig erklärt. Vor Gott kann sich niemand etwas auf sein Können einbilden. *(1. Korinther 1,26–29)*

Gott hat Freude daran, Niemande zu nehmen und sie in Jemande zu verwandeln.

Die Gesellschaft sagt: «Um jemand zu werden, musst du irgendetwas Großartiges oder Rekordverdächtiges zustande bringen.» Die Welt sagt: «Um bedeutend zu sein, musst du die ‹Nummer eins› sein.» Doch Gott sagt, dass du in seinen Augen bereits wichtig *bist*. Alles, was du tun musst, um dein Potenzial voll auszuschöpfen, ist, ihn als die Nummer eins anzuerkennen. Das ist der große Unterschied zwischen Gott und der Welt.

Rahab lehrt uns, dass *niemand* für Gottes Liebe unerreichbar ist. Ihr Beispiel zeigt uns auch, dass es damals schon genauso schwer war, Gott zu vertrauen, wie heute. Doch selbst wenn es eine schwere Entscheidung war, so war es und ist es doch die richtige. Rahab blieb nicht auf dem Zaun zwischen den Parteien sitzen, sondern sprang herunter und entschied sich für die Seite Gottes.

Sitzt du zwischen den Stühlen? Glaubst du wirklich daran, dass Gottes Weg der beste für dich ist?

Rahab entdeckte die Wahrheit der Aussage: «Denn Gott hat nur an den Menschen Gefallen, die ihm fest vertrauen. Ohne Glauben ist das unmöglich. Wer nämlich zu Gott kommen will, muss darauf vertrauen, dass es ihn gibt und dass er alle belohnen wird, die ihn suchen» (Hebräer 11,6). Wie ist das mit dir? Glaubst du daran, dass sich das Vertrauen zu Gott irgendwie lohnt?

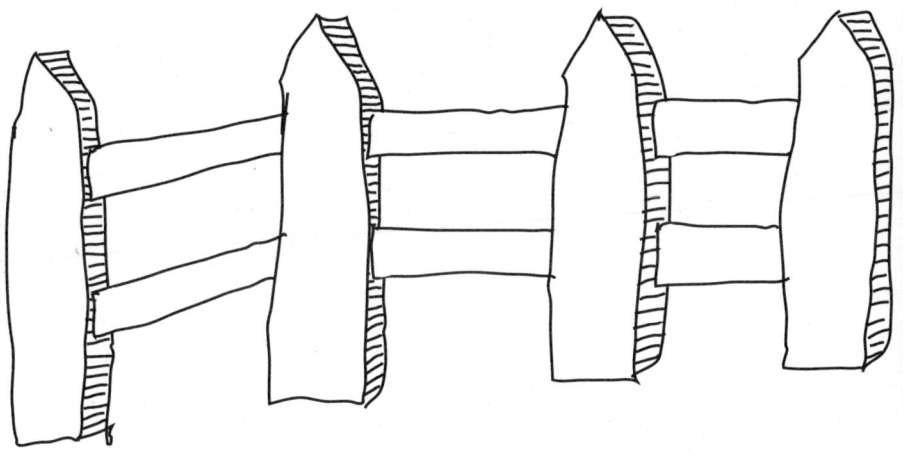

Auch wenn es dich manchmal etwas kostet, Glauben zu üben, Gott sieht dir zu – und er wartet. Um dich dafür zu belohnen, dass du ihm dein Leben anvertraust. Es spielt keine Rolle, ob es deine Stadt oder dein Ruf ist, der angegriffen wird. Wenn du dich dafür entscheidest, mit Gott zu gehen, ersparst du dir eine Menge Leid und findest dabei heraus, wie man richtig lebt.

Und das ist etwas, worauf *deine* Nachkommen stolz sein können.

Und wer bist du? Bist du ein «Niemand»? He, das sind die meisten von uns hier. Diesem Loser-Club, dem du beigetreten bist, gehören jede Menge unbedeutender Leute an. Wir sind keine Filmlegenden oder Rockstars. Wir besitzen keine Privatjets oder Zweitvillen auf Jamaika. Wir sind vielleicht auch nicht die Klassenbesten oder überhaupt bei irgendetwas die «Kings of Swing».

Die meisten Mitglieder dieses Clubs sind ganz normale Leute. Durchschnittlich. Gewöhnlich. Alltäglich. Wenn das auf dich zutrifft, dann hab Mut. Es scheint, als ob Gott *wirklich* gern mit solchen Leuten zu tun hat.

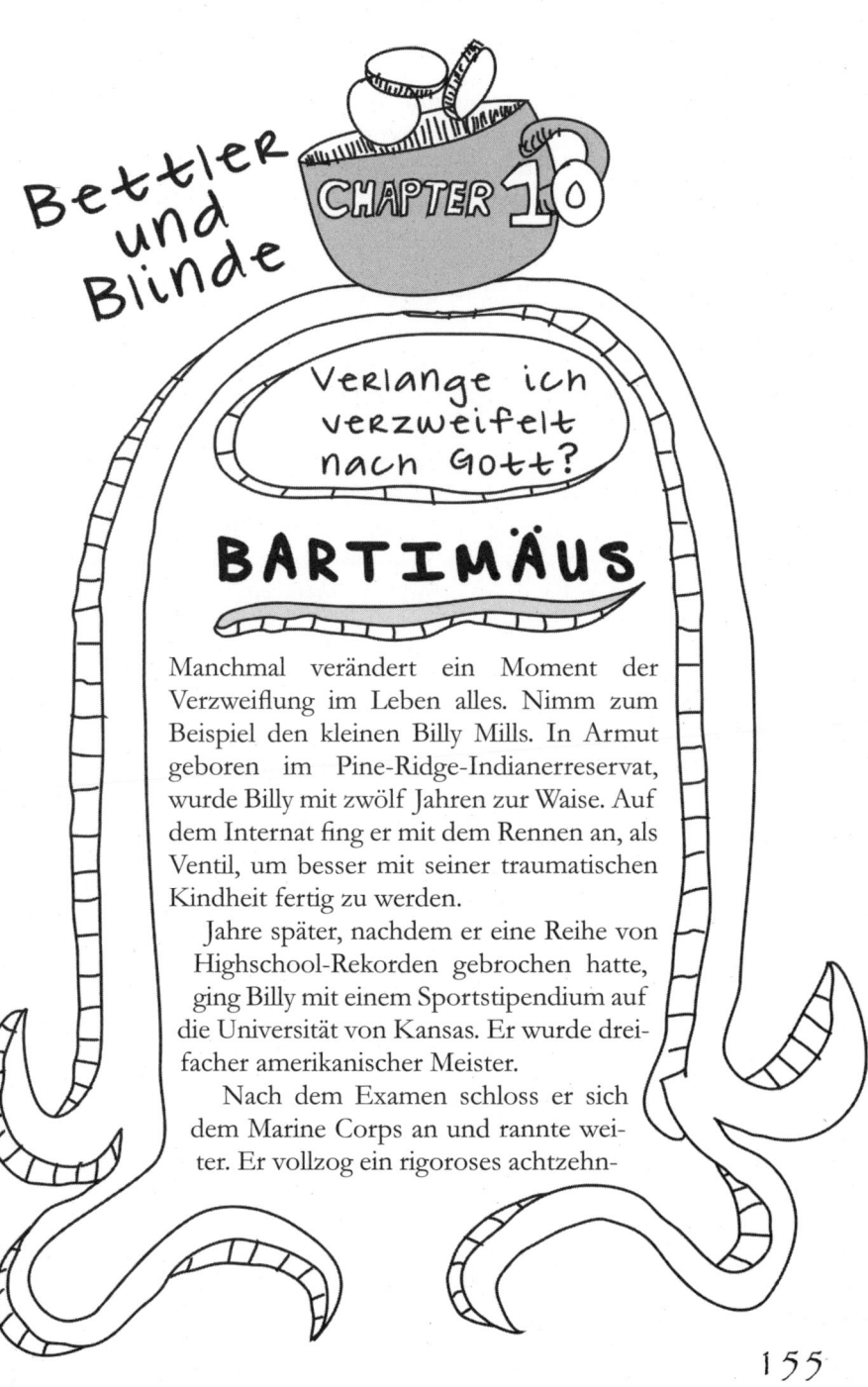

Verlange ich verzweifelt nach Gott?

BARTIMÄUS

Manchmal verändert ein Moment der Verzweiflung im Leben alles. Nimm zum Beispiel den kleinen Billy Mills. In Armut geboren im Pine-Ridge-Indianerreservat, wurde Billy mit zwölf Jahren zur Waise. Auf dem Internat fing er mit dem Rennen an, als Ventil, um besser mit seiner traumatischen Kindheit fertig zu werden.

Jahre später, nachdem er eine Reihe von Highschool-Rekorden gebrochen hatte, ging Billy mit einem Sportstipendium auf die Universität von Kansas. Er wurde dreifacher amerikanischer Meister.

Nach dem Examen schloss er sich dem Marine Corps an und rannte weiter. Er vollzog ein rigoroses achtzehnmonatiges Trainingsprogramm mit mehr als hundert Meilen pro Woche. Billys Lebenstraum von olympischen Ehren wurde Wirklichkeit, als er in die amerikanische Olympiamannschaft des Jahres 1964 aufgenommen wurde, wo er sich für den Zehntausend-Meter-Lauf und den Marathonlauf qualifizierte.

Eines Tages im Sommer 1964 wartete Billy im japanischen Tokio an der Startlinie für das Zehntausend-Meter-Rennen. Der Startschuss ertönte, und der Wettlauf begann. Mills war nicht gerade der Favorit für den Sieg in diesem Rennen. Seine Qualifikationszeit war ungefähr fünfzig Sekunden langsamer als die Zeit von Ron Clarke aus Australien, dem Weltrekordhalter in dieser Disziplin. Dazu kam, dass noch nie ein Amerikaner über zehntausend Meter gewonnen hatte. Die Medien hatten sich im Vorfeld fast ausschließlich auf Clarke und die anderen Weltklasseläufer konzentriert und den Sioux-Indianer mit dem Bürstenschnitt weitgehend ignoriert.

Eine Runde vor dem Ziel lag Mills noch fünfzehn Meter hinter der Spitze. Das Rennen war fast vorbei – das dachten zumindest alle. Es war ein verzweifelter Moment für Mills. Der Moment für seine Chance. Seine einzige Chance. Sein Moment. Er war mitten in dem Rennen seines Lebens. Nachdem er rassistische Seitenhiebe und die Voraussagen seines Scheiterns durch die Experten erduldet hatte, wusste Billy, dass dieser Moment nur einmal im Leben kam. Es galt: jetzt oder nie. Eine zweite Chance würde es nicht geben. Kein Gold und keine Ehre für den Zweiten. Das wusste Billy Mills.

Tief in seinem Innern fand der sechsundzwanzigjährige frühere Marinesoldat eine Energiereserve, die für genau so einen Moment wie diesen angesammelt war. Billy holte das Letzte aus jedem Muskel seines Körpers heraus und rannte die letzten hundert

Meter in einem Galopp wie ein Vollblutpferd. Mit vor Qualen verzerrtem Gesicht zog Mills an Clarke und dem Rest des Feldes vorbei über die Ziellinie, die Arme im Triumph zum Himmel emporgestreckt. Bis zu fünfundsiebzig Mal am Tag hatte er sich vorgestellt, wie er das Zielband zerriss, und es hatte sich gelohnt. Mills gewann Gold und stellte dabei einen neuen olympischen Rekord auf. Seine erstaunliche Aufholjagd ist eine der größten Sensationen in der olympischen Geschichte.

Mills Sieg kam so unerwartet, dass einer der Offiziellen auf den neuen Champion zurannte und ihn fragte: «Wer sind Sie?» Augenblicke zuvor hatte noch niemand seinen Namen gekannt. Aber von jenem Tag an wusste die ganze Welt, wer Billy Mills war. Bis heute hat kein anderer Amerikaner bei den Olympischen Spielen über die zehntausend Meter gesiegt. Doch an jenem Sommertag, damals im Jahr 1964, verwandelte ein Waisenjunge aus den Reihen der amerikanischen Ureinwohner einen Moment der Verzweiflung in seinen Schicksalsmoment.

Ein blinder Läufer

Lass mich dir von einem anderen Mann im Rennen seines Lebens erzählen. Dieser Mann nahm nicht an den Olympischen Spielen teil, ja an gar keinem Wettlauf im buchstäblichen Sinn. Sein Name war Bartimäus, und er lebte vor langer Zeit. Nun, Bart hatte zwei schwere Handicaps. Erstens war er blind. Zweitens war er ein armer Bettler. Und diese beiden Dinge behinderten ihn sehr in seinem Rennen. Denk dir dazu, dass er wahrscheinlich auch obdachlos war, und – nun, sagen wir einfach, seine Chancen waren nicht gerade die besten.

Natürlich war es nicht Barts Plan gewesen, Bettler zu werden. Er hatte sich diesen Beruf nicht ausgesucht. Ich meine, es ist ja nicht so, als ob er auf die «Bettlerschule» gegangen wäre. Bart konnte nichts dafür, dass er blind war und dass diese Behinderung ihn davon abgehalten hatte, einen richtigen Beruf zu ergreifen. Damals gab es noch keine Blindenwerkstätten. Und das Leben eines Bettlers war damals noch viel beschwerlicher als heute. Zumindest haben wir heute Obdachlosenheime und Sozialprogramme für Bedürftige. Zur Zeit Jesu gab es noch keine Sozialhilfe oder staatliche Unterstützung. Keine Heilsarmee. Keine Hilfen für Leute mit Handicaps im Palästina des ersten Jahrhunderts. Keine Speisekarten in Braille oder Blindenhunde. Wenn man keine Angehörigen hatte, die einen versorgten, blieb einem nur eine Möglichkeit.

Betteln.

Versetz dich in die Sandalen dieses Mannes. Du bist blind. Die Dunkelheit ist dein bester Freund. Deine anderen Sinne müssen dein fehlendes Augenlicht ausgleichen. Es ist, als ob du mit vier Spielern Basketball spielst, wenn der fünfte Mann nach einem Foul vom Feld geschickt wurde. Die anderen Spieler müssen die Lücke ausfüllen. Du «siehst» die Welt durch Geräusche, Berührungen und Gerüche. Den ganzen Tag über sitzt du am Straßenrand, den Kopf ein wenig erhoben, und bemühst dich zu hören und zu spüren, wo die Leute sind. Deine Hände hältst du empor, die Handflächen nach oben, um die vorbeigehenden Fremden um Münzen zu bitten. Du hörst die Schritte der Passanten. Du spitzt die Ohren, wenn du das Klingeln der Münzen in ihren Taschen hörst, gefolgt von dem klimpernden Geräusch, das die Münzen ma-chen, wenn sie in dei-

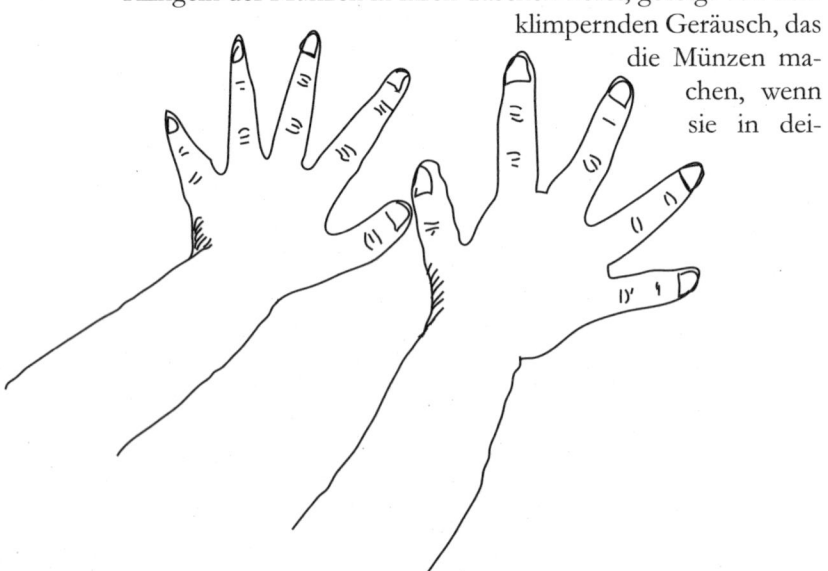

nen Schoß geworfen werden. Durch dein geschärftes Gehör kannst du sogar am Geräusch eine Münze von der anderen unterscheiden.

Auch dein Tastsinn ist durch deine Blindheit feinfühliger geworden. Er ist eine Taschenlampe in deiner lichtlosen Welt. Mit seiner Hilfe kannst du dir ein Bild von Sachen und Menschen machen – eine Aufgabe, die normalerweise deine Augen übernehmen würden. Das Gehör hilft dir, eine Situation einzuschätzen, ja sogar abends deinen Weg nach Hause zu finden. Unterstützt wird diese feine Wahrnehmung durch deinen Geruchssinn. Du merkst genau, was um die Ecke gerade gekocht wird oder ob eine Frau in der Nähe ist, die Parfüm trägt.

Hör auf deinen Durst

Als er eines Tages am Straßenrand saß, spürte Bartimäus, dass irgendetwas Großes im Gange war. Er hörte eine riesige Menge näher kommen, und das konnte ja bedeuten, dass etwas Geld für ihn abfallen würde. Für «Bart, den Blinden» war das Geräusch der Schritte voller verlockender Möglichkeiten.

Als er sich an jenem Tag auf eine weitere Bettelschicht einstellte, hörte Bart etwas, das er noch nie zuvor vernommen hatte. In den Gesprächsfetzen, die er aufschnappte, war die Rede von einem Heiler. Solche Gerüchte hatte er zwar schon früher gehört, aber diesmal war es anders. Die Leute sagten, dieser Mann sei kein Illusionskünstler oder Scharlatan. Sie behaupteten, er sei der Messias der Juden, der Eine, auf den Israel seit Jahrhunderten wartete. Den «Sohn Davids» nannten sie ihn. Den himmlischen Erben des Thrones von König David. Gott hatte verheißen, dass dieser Gesalbte oder Christus eines Tages Israel von der Sünde befreien und für immer über Gottes Volk herrschen würde.

Obwohl er nicht sehen konnte, musste Bart in der «Samstagsschule» im Tempel gut zugehört haben, als er heranwuchs. Sobald er hörte, wer Jesus war, fing er an zu rufen:

«Sohn Davids, hab Erbarmen mit mir!» (Markus 10,47). Er schrie nach Erbarmen, weil er wusste, dass es genau das war, was er brauchte. Bart wusste, dass Gott ihm nichts *schuldig* war. Er verstand, dass die Fähigkeit zu sehen kein Recht ist, das wir ererben, sondern eher ein Privileg, das wir genießen. Da ihm klar war, dass es ihm nicht zustand, Heilung von Gott zu verlangen, bettelte er darum.

Im Betteln war er gut.

Freilich, wäre er ein prominentes Mitglied der Gesellschaft gewesen, so hätten die Leute ihm den Weg freigemacht, damit er zu Jesus gelangen konnte. Doch das Gegenteil passierte. Die Menge begann ihn zu beschimpfen und versuchte ihn von seinem Bemühen abzuhalten, Christus zu erreichen. «Sei still», forderten sie ihn auf (vgl. Markus 10,48). «Du bist nicht wichtig genug, als dass der Lehrer sein wichtiges Tun unterbrechen und dir Aufmerksamkeit schenken könnte. Für wen hältst du dich eigentlich?»

Doch Bart ignorierte die Leute einfach. Es war ihm eigentlich ziemlich egal, was andere dachten oder sagten. Viel zu lange hatte er in völliger Dunkelheit gelebt. Sein Verlangen danach, Jesus zu begegnen, war viel größer als sein Verlangen danach, von der Menge akzeptiert zu werden. Er spürte an jenem Tag die Dringlichkeit, den Durst nach mehr als nur ein paar Münzen. Er erkannte, dass Jesus ihm etwas bieten konnte, was die Welt nicht zu bieten hatte. So begierig war er darauf, mit Jesus in Kontakt zu kommen, dass er sogar noch lauter rief und das Gejohle und den Jubel der riesigen Menschenmenge übertönte. Bartimäus war motiviert, ja wild entschlossen, dass nichts ihn von Jesus fernhalten würde.

Er war *verzweifelt*.

Wechseln wir für einen Moment die Blickrichtung. Was hält *dich* davon ab, Jesus nahezukommen? Spielt es für dich eine Rolle, was andere Leute denken? Und wenn ja, warum? Was hat «die Menge» dir zu geben, das so viel besser wäre als das, was Christus dir bietet? Akzeptanz? Geborgenheit? Liebe? Hast du dein Bedürfnis nach Jesus überhaupt je erkannt? Hast du je darüber nachgedacht, wie sehr du sein Erbarmen brauchst? Die meisten von uns sind zwar nicht buchstäblich blind, aber es gibt Dinge im Leben, die schlimmer sind, als nichts sehen zu können. Gott sagt, dass wir aufgrund unserer Gedanken, Worte und Taten den Himmel und das Heil nicht verdient haben (Römer 3,23). Ja, schon unsere Natur macht uns unwürdig (Römer 7,18). Gott bleibt nichts anderes übrig, als uns zu bestrafen (Römer 6,23). Je mehr wir diese Wahrheit verstehen, desto mehr werden auch wir um Erbarmen flehen. Wie Bart brauchen wir eine Einstellung, die sagt: «Herr, bitte gib mir nicht, was ich verdiene. Sondern bitte berühre mein Herz und heile mich von der Sünde.»

Das war der Punkt, an dem Bartimäus stand. Das war sein Gebet, ein Gebet, das Gottes Ohr *immer* erreicht. Jesus wird niemals jemanden abweisen, der nach ihm ruft, und deshalb blieb er sofort stehen und ließ Bartimäus zu sich kommen (Markus 10,49).

In seiner Begeisterung sprang Bartimäus so hastig auf und rannte zu Jesus hin, dass sein Umhang liegen blieb (10,50).

«Was soll ich für dich tun?», fragte Jesus ihn.

«Meister», erwiderte Bartimäus, «ich möchte sehen können!» (10,51).

Beachte, dass er Jesus nicht um Geld bat. Brauchte er Bares? Äh ... klar! Und Jesus hätte es ihm geben können. Er hätte Steine in Gold verwandeln können. Doch dieser Mann hatte nur sein größtes Bedürfnis im Sinn. Er legte Jesus keine Liste mit zehn Forderungen oder auch nur drei Wünschen vor. Sondern er äußerte nur eine einzige und einfache Bitte: «Herr, ich möchte sehen können.»

Licht an!

Die Menge stand schweigend dabei und wartete begierig auf Jesu Reaktion. Manche richteten den Blick auf Christus, während andere voller Abscheu den Blinden angafften. Während sie nur einen armen, blinden Bettler sahen, nahm Jesus viel mehr wahr. Er sah über Barts leeres Bankkonto und seine soziale

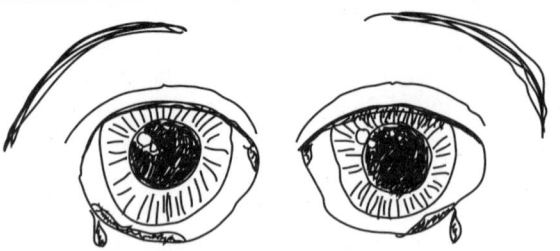

Randstellung hinweg. Er sah über die abgerissene Kleidung, den struppigen Bart und die ungekämmten Haare hinweg. Er schaute tief in Bartimäus' Herz hinein und sah einen Mann, der viele Jahre in einem dunklen Gefängnis verbracht hatte. Bart war nicht nur körperlich blind, sondern auch seine Seele lebte in einer ewigen Nacht.

Doch nun glaubte Bart an Jesus als seinen Messias. Er war zuversichtlich, dass Jesus ihm das Augenlicht wiedergeben und ihm ein neues Leben schenken konnte. Es war die Menge, die blind war und nicht verstehen konnte, dass ein Mann sich nach dem Sohn Davids als seiner einzigen Hoffnung ausstreckte.

Als er die Bitte des Mannes hörte, verspürte Jesus tiefes Erbarmen mit ihm. Innerlich bewegt von Liebe für diesen armen Mann streckte er die Hand aus und tat, was er am liebsten tat – *Menschen berühren* (siehe auch Matthäus 20,34). Genauer gesagt, er berührte Barts Augen. Dann sagte Jesus: «Geh! Dein Glaube hat dir geholfen» (Markus 10,52).

Und es regnete Liebe.

Auf der Stelle wurde Barts Augenlicht durch ein Wunder wiederhergestellt. Als er vielleicht zum ersten Mal in seinem Leben in die Sonne blinzelte, war das Erste, was Bart sah, die Silhouette seines barmherzigen Wohltäters. Bartimäus' neue Augen trafen auf die von Jesus und sahen in ihnen etwas, das die meisten Leute in den Augen Gottes nicht zu finden erwarten. Er sah in Jesu Augen Verständnis und Barmherzigkeit.

Und Tränen.

Noch vor ein paar Minuten hatte er sich nur erträumen können, wie Jesus von Nazareth wohl aussehen mochte.

Und nun wurde Bartimäus zweifellos mit einem strahlenden Lächeln im Gesicht seines Heilers begrüßt. Er hatte von Jesus mehr bekommen als nur körperliche Heilung. Er hatte auch die Aufnahme in den Himmel und in die Gegenwart Gottes bekommen. Für Bart begann ein völlig neues Leben.

Interessanterweise stellte Jesus nun nicht gleich Forderungen an den ehemals Blinden. Es hätte ja sein können, dass er ihm noch einiges zu sagen gehabt hätte: «Bartimäus, jetzt, wo du gläubig bist, muss Schluss sein mit der Bettelei. Und du brauchst ein paar neue Kleider. Es geht nicht an, dass meine Leute herumlaufen wie abgewrackte Bettler.»

All das war nicht nötig. Jesus musste Bart nicht befehlen, ihm nachzufolgen oder seine Lebensweise zu ändern. Das passierte ganz von allein. Bartimäus begann sofort Gott zu verherrlichen und Jesus nachzufolgen. Warum? Weil er verstand, was mit ihm passiert war. Auch andere priesen seinetwegen Gott.

Hast du dich je gefragt, warum manche Leute Gott so sehr zu lieben scheinen? Hast du je darüber nachgedacht, warum sie wohl so geworden sind? Ich glaube, es liegt an ihrem DQ – ihrem «Dankbarkeitsquotienten». Leute, die ein Gespür dafür haben, in was für einem schlimmen Zustand sie ohne Christus sind, wissen meist das Heil mehr zu schätzen. Und diese Dankbarkeit bringt eine ganz natürliche Liebe zu Gott hervor.

Stell dir vor, du lümmelst dich an einem Julinachmittag im Pool herum und bittest einen Freund, dir eine Luftmatratze zuzuwerfen. «Danke», sagst du nach Erhalt des Erbetenen und wendest dich wieder deinen Träumereien hinter der Sonnenbrille zu.

Jetzt stell dir vor, du trittst versehentlich einem Mädchen zu nahe, dessen Vater zufällig der Boss der mafiosen Gambino-Familie ist. Plötzlich findest du dich mitten auf dem Ozean wieder, mit Ketten an Betongewichte gefesselt! Was nun? Lass es mich dir buchstabieren:

D-U   G-E-H-S-T   U-N-T-E-R!

Meinst du, du würdest einen Anflug von Verzweiflung spüren, während du den ersten Mund voll Meerwasser schluckst? Okay, *jetzt* ruf nach jemandem, er möge dir eine «Schwimmhilfe» zuwerfen. *Jetzt* ruf um Hilfe. Wie hört sich deine Stimme an? Flüsterst du diese Bitte, oder rufst du laut? Meinst du, du kommst auch ohne ein Rettungsfloß aus? (Es hat seinen Grund, dass es *Rettungs*floß genannt wird.) Und nimm an, jemand wirft dir ein Floß zu. Wie wirst du jetzt wohl deinen Dank ausdrücken? Was empfindest du gegenüber demjenigen, der dir gerade das Leben gerettet hat?

Vielleicht ist die Dankbarkeit jetzt ein bisschen größer, meinst du nicht? Und warum? Warum bist du nun dein Leben lang dieser Person verbunden? Weil dir klar ist, in was für einer schlimmen Lage du da im Wasser warst. Dir ist dein hilfloser Zustand bewusst. Vor so einem schrecklichen Schicksal gerettet zu werden, ruft automatisch und ganz *natürlich* eine Liebe zu dieser Person hervor. Deine *Verzweiflung* führt ganz natürlich zu deiner *Hingabe*.

Die Wahrheit ist, dass Leute, die verstehen, was sie ohne Christus waren, wie magnetisch in die Beziehung zu ihm hineingezogen werden. Sie wissen, wie viel besser sie mit Gott in ihrem Leben dran sind. Und dafür lieben sie ihn. Jesus hat es so ausgedrückt: «Wem aber wenig vergeben wird, der liebt auch wenig» (Lukas 7,47). Das Gegenteil trifft ebenso zu – diejenigen, denen klar ist, wie viel ihnen vergeben worden ist, lieben sehr viel. Bartimäus dachte sich: *He, wenn ihm so viel an mir liegt, dass er das für mich tut, dann gibt es nichts, was ich für ihn nicht tun würde!*

Bartimäus wusste, wer er war, und er wusste auch, wer Jesus war. Indem er einfach sein Vertrauen darauf setzte, dass Christus seine Not lindern würde, erfuhr er die heilende Kraft des Erlösers.

FINISH LINE

Ziellinie

Das Rennen gewinnen

Wenn du eine Liste der zehn größten biblischen Gestalten aufstellen würdest, wäre Bartimäus vermutlich nicht dabei. Ja, er wäre vielleicht nicht einmal unter den «Top 20». Bart ist nicht gerade ein Schlagzeilenmagnet. Schließlich ist seine ganze Geschichte ja auch in ein paar Versen erzählt, nicht wahr? Er ist praktisch ein Niemand.

Warum also hat Gott beschlossen, in der Bibel von diesem Loser berichten zu lassen? Ich glaube, er kommt darin vor, weil er uns etwas beibringen kann. Nämlich einfach dies, dass Christus, wenn wir in unserer Not zu ihm laufen, mit Verständnis, Erbarmen und Heilung darauf reagiert. Wenn wir bereit sind, alles zu tun, um zu ihm zu kommen, streckt er gerne die Hand aus und berührt uns. Und diese Berührung hat immer eine Wirkung – eine Wirkung, die man *sehen* kann. Eine Wirkung, die dich das Leben aus einer neuen Perspektive betrachten lässt. Es ist keine Wirkung, die du selbst hervorbringen müsstest. Nichts, was du heraufbeschwören müsstest. Sondern er ruft diese Wirkung in dir hervor.

Hast du diese Wirkung schon einmal gespürt?

Während du da sitzt und liest, geht Jesus wieder einmal an dir vorbei – diesmal durch die Seiten dieses Kapitels. Dies ist also nun *dein* Moment, deine Gelegenheit, nach dem Erlöser zu rufen. Gibt es eine Blindheit oder irgendeine andere geistliche Not in deinem Leben? Wo stehst du im Wettlauf? Bist du kurz davor aufzugeben? Leidest du unter den Qualen, die das Leben mit sich bringen kann? Wo brauchst du heute seine

Kraft? Bist du bereit, nach ihm zu rufen, egal, was die Menge denken könnte? Oder wirst du dich durch das, was andere sagen, von ihm fernhalten lassen?

Eines soll dir klar sein: Jesus wird anhalten und mit dir sprechen. Er versteht alles, was in dir vorgeht. Und wenn du im Glauben nach ihm rufen kannst, ist er begierig, dich zu heilen.

Also hör auf zu betteln. Hör hin. Steh auf und folge deinen Ohren. Er wartet schon.

Übrigens, wenn du deinen Wettlauf vollendet hast und im Himmel ankommst, halte Ausschau nach Bartimäus. Oh, es wird dir nicht schwerfallen, ihn zu finden. Er ist der Typ an der Ziellinie, der Luftsprünge macht, als hätte er gerade eine Goldmedaille gewonnen.

Bartimäus war *entschlossen*, dass nichts ihn von Jesus fernhalten würde.

Wie ist es mit dir? Was hält *dich* davon ab, Jesus nahezukommen? Ist es «die Menge», die dich umgibt? Bist du bereit, nach ihm zu rufen, egal, was die Menge denken könnte?

Eines soll dir klar sein: Jesus wird anhalten und mit dir sprechen. *Er ist begierig, dich zu heilen.*

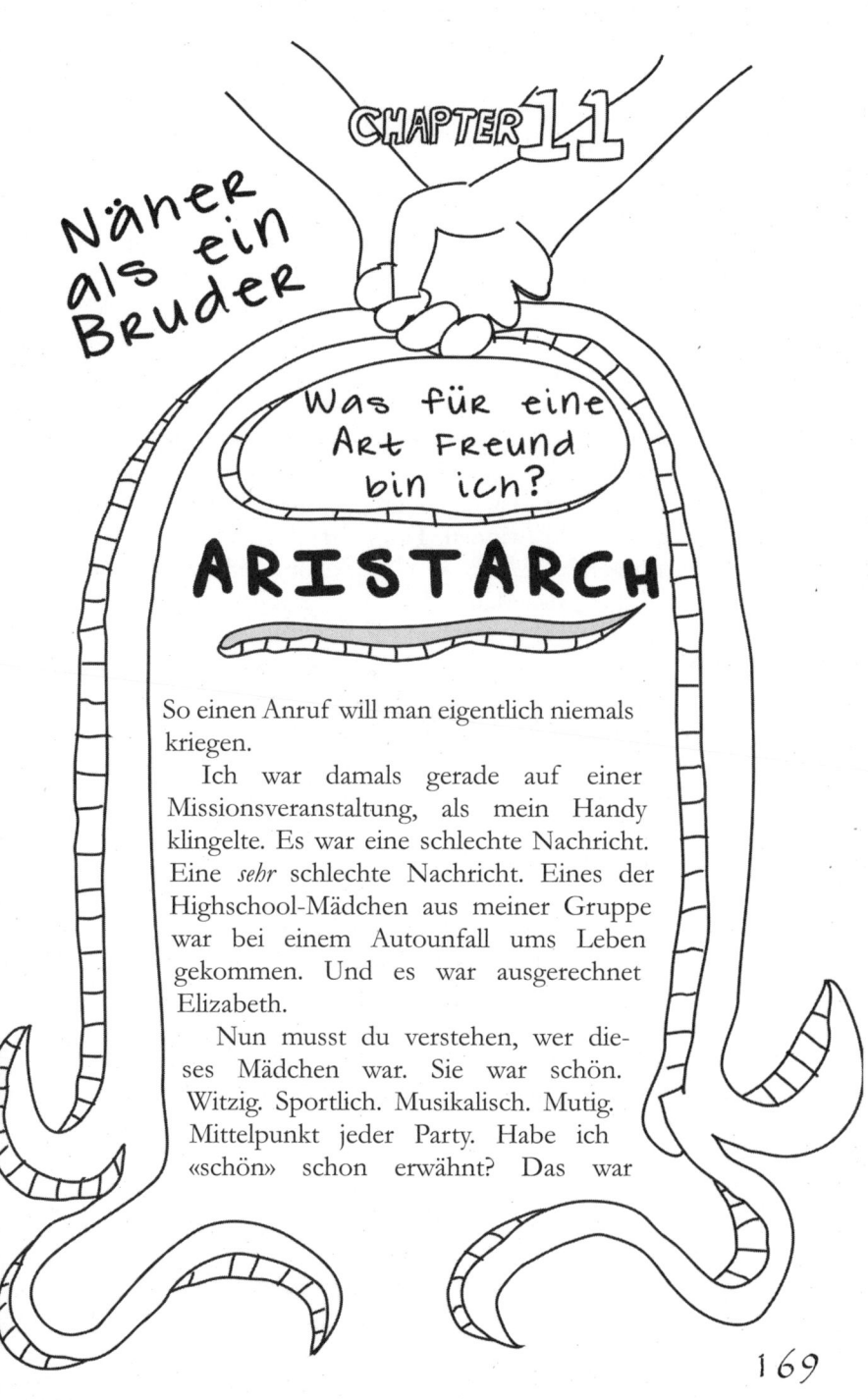

CHAPTER 11

Näher als ein Bruder

Was für eine Art Freund bin ich?

ARISTARCH

So einen Anruf will man eigentlich niemals kriegen.

Ich war damals gerade auf einer Missionsveranstaltung, als mein Handy klingelte. Es war eine schlechte Nachricht. Eine *sehr* schlechte Nachricht. Eines der Highschool-Mädchen aus meiner Gruppe war bei einem Autounfall ums Leben gekommen. Und es war ausgerechnet Elizabeth.

Nun musst du verstehen, wer dieses Mädchen war. Sie war schön. Witzig. Sportlich. Musikalisch. Mutig. Mittelpunkt jeder Party. Habe ich «schön» schon erwähnt? Das war

Elizabeth. Sie hatte einfach alles, und es machte solchen Spaß, mit ihr zusammen zu sein! Sie stellte sich praktisch jeder Herausforderung.

Ein Schwein küssen? «Klar, wo ist es?»

Mit ihren Schwestern mitten auf dem Fußboden des Jugendraumes Ringkämpfchen machen? Kein Problem.

Als Schulsprecherin kandidieren – und gewählt werden? Wird gemacht.

Sich als Ballkönigin bewerben und gewinnen? Auftrag ausgeführt.

In einem Teilzeitjob bei einem lokalen Radiosender arbeiten? Kleinigkeit.

Jeden Jungen in der Jugendgruppe zum Armdrücken herausfordern – und gewinnen? Fast jedes Mal.

Einen Raum zum Leuchten bringen, nur indem sie zur Tür hereinkommt? Jedes Mal.

Du verstehst also meinen Schock und meine Fassungslosigkeit, als ich hörte, dass sie nicht mehr lebte. Ich war am Boden zerstört. Auf der Stelle. Ich dachte an ihre Familie. Die Nachricht würde niederschmetternd für ihre Schwestern sein. Und was ihre Mutter empfinden mochte, konnte ich mir kaum vorstellen. Also sprangen mein bester Freund Joel und ich in mein Auto und rasten zu Elizabeth nach Hause. Als wir ankamen, waren bereits einige Leute versammelt.

Wir gingen hinauf zu ihrem Zimmer, öffneten die Tür und sahen ihre Mutter allein im Dunkeln auf dem Bett sitzen. Als das Licht aus dem Flur ins Zimmer fiel, sah ich, dass ihr Vater auch dort war. Es war nicht zu übersehen, dass sie geweint hatten. Die Trauer grub sich bereits in das Gesicht der Mutter ein. Hätte über meinem Kopf eine Gedankenblase geschwebt, so hätte darin gestanden: *Was in aller Welt soll ich einer Frau sagen, die gerade ihre geliebte Tochter verloren hat?*

Wer kann solche Dinge begreifen? Ich nicht. Und so ging ich einfach nur hinüber, setzte mich neben sie, schaute ihr in die Augen und sagte: «Wir lieben euch.»

Mehr wusste ich nicht zu sagen. Es gab nichts anderes, was ich hätte sagen können. Es war alles, was ich hatte. Und so saßen wir schweigend im Dunkeln, wohl eine halbe Stunde lang. Was sie in diesem Moment von mir brauchte, waren keine Antworten. Es hätte ihr nicht geholfen, wenn ich zu erklären versucht hätte, warum Gott zugelassen hatte, dass ihrer siebzehnjährigen Tochter so etwas Schreckliches passierte. Und noch weniger konnte sie es gebrauchen, dass ich sie mit Bibelversen überschüttete. Sie musste nicht von mir hören, dass alles gut werden würde. Was sie in diesem Moment nötig hatte, war ein Freund.

Mehr nicht.

Ein paar Tage später sprach ich auf Elizabeths Beerdigung. Zusätzlich zu den Hunderten von Gemeindegliedern drängten sich an jenem Tag über tausend Jugendliche in unseren Gemeindesaal – fast die gesamte Schülerschaft von Elizabeths Highschool. Ich erzählte diesen Schülern von der Liebe Jesu und der Hoffnung des ewigen Lebens, die er ihnen anbot. Ich sagte das, wovon ich wusste, dass Elizabeth gewollt hätte, dass ich es sage. Die Familie tröstete ich mit der Zusicherung, dass sie Elizabeth wiedersehen würden. Und obwohl ich an jenem Tag «der Pastor» war, war ich wiederum vor allem anderen einfach nur ein Freund.

Ich gebe zu, dass ich nicht der klügste Kopf der Welt bin. Aber ich versuche schon, aufmerksam zu sein. Und ich habe beobachtet, dass das Leben oft Leid, Traurigkeit und Kummer mit sich bringt. Es gibt Zeiten, in denen das Leben einfach keinen Spaß macht. Manchmal stinkt es einem regelrecht! Während solcher trüben Zeiten brauchst du jemanden, der zu dir hält, egal, was passiert. Du brauchst Leute, die an deiner Seite stehen, selbst wenn sie dafür eine Menge riskieren. Freunde, die bereit sind, sich neben dich zu setzen, wenn es dir dreckig geht, und kein Wort zu sagen. Die einfach, indem sie da sind, schon alles gesagt haben, was zu sagen ist.

Ein hebräischer Killer

Inzwischen hat dieses Buch dich hoffentlich davon überzeugt, dass im Gegensatz zu dem superheiligen Image, das wir oft von biblischen Gestalten haben, die Leute, von denen die Bibel erzählt, dieselben Nöte und Kämpfe durchlebten wie wir. Jeder von ihnen erlebte Verluste und Misserfolge. Jeder von ihnen fühlte sich irgendwann in seinem Leben wie ein Volltrottel. Jeder von ihnen fühlte sich irgendwann einmal wie der «Napoleon Dynamite» seiner Zeit.

In solchen Phasen, wenn einem das Leben fast unerträglich erscheint, brauchst du etwas, das dir weder eine Schmerztablette noch eine Woche am Strand geben können. Du brauchst einen Freund. Einen, der mit dir durch die schlimmsten Momente des Lebens geht.

So einen Freund brauchte auch der Apostel Paulus. Jetzt fragst du dich vielleicht: *Warum sollte der große Apostel Paulus so einen Freund brauchen? Das war doch einer der frömmsten Typen in der Bibel. Menschenskind, der hat dreizehn Bücher in der Bibel geschrieben! Muss der nicht einer der populärsten und beliebtesten Leute in der frühen Gemeinde gewesen sein?*

Sicher, wir alle sehen Paulus als einen Glaubensriesen. Und das war er auch. Er war einer der großen Helden des Christentums, eine richtige Legende. Vielleicht war er sogar der größte Christ, der jemals lebte. Aber der Weg zu seinem Legendenstatus war für Paulus mit vielen Strapazen und Leiden gepflastert – mit jeder Menge davon.

Zum einen hatte Paulus unter diesen frühen Christen einen ziemlich schlechten Ruf abzuschütteln. Vielleicht erinnerst du dich, dass Paulus früher einer der Hauptverantwortlichen dafür gewesen war, dass Christen gejagt, verhaftet und zum Tode verurteilt wurden. Er war sogar dabei, als zum ersten Mal ein Christ hingerichtet wurde – und er feuerte die Scharfrichter dabei an (Apostelgeschichte 7,58; 8,1).

Doch es kam noch schlimmer. Anfangs war er nur ein Fußsoldat im Krieg gegen Christen, doch dann avancierte er zum «Führer der religiösen Gestapo». Er war ein Kopfgeldjäger. Ein Ein-Mann-Aufgebot. Er betrieb seine eigene *Mordfabrik*. Wir haben keine Angaben darüber, wie viele Gläubige unter seinem Kommando getötet wurden, aber wir wissen, dass die Zahl so groß war, dass Christen flüchteten und sich versteckten, wo immer sein Name genannt wurde. Du verstehst also, warum die frühen Christen ein bisschen skeptisch waren, als «Dr. Death» auf einmal in der Kirche auftauchte. Und das war der Moment, wo Barnabas sich für ihn einsetzte (Apostelgeschichte 9,26–27).

Nun denkst du vielleicht, Paulus' Probleme wären nach seiner dramatischen Bekehrung zum Christentum gelöst gewesen, aber das Gegenteil war der Fall. Sicher, die Gemeinde begann ihn nach und nach zu akzeptieren, aber seine alten Pharisäerbrüder waren nicht so begeistert von seinem neuen Glauben. Sie waren geradezu außer sich

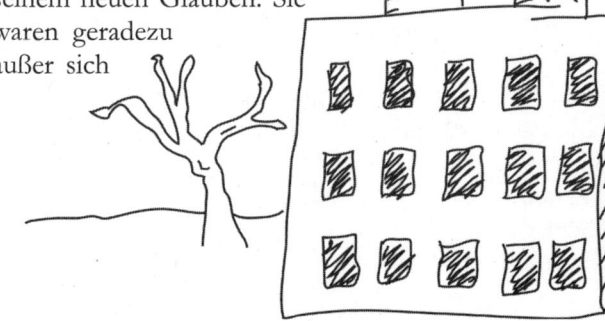

vor Zorn. Wieso? Nun, Paulus hatte mitten in der Saison bei einer anderen Mannschaft angeheuert. Er hatte sich über die feindlichen Linien geschlichen und mitten im Krieg die Seiten gewechselt. Paulus (vorher Saulus genannt) wurde zum obersten Schurken auf der Gesuchten-Liste Israels. Es wurden Killer angeheuert, um ihn zu «erledigen». Ach was, ganze Killer*truppen* haben sie angeheuert. Wo immer Paulus hinkam, traf er auf Fanatiker, die ganz versessen darauf waren, sein Leben zu beenden. Und abgesehen davon, dass sie versuchten, ihn zu töten, unterwanderten sie auch Gemeinden, um seine Autorität und seine Lehre zu unterminieren. Diese Typen waren rücksichtslos und schreckten vor nichts zurück, um Paulus zur Strecke zu bringen.

Und damit war des Unheils für Paulus noch lange nicht genug. Neben den Killerkommandos und den Verleumdungskampagnen erlitt er noch eine Menge anderer Dinge auf seinem steinigen Weg zum Status eines berühmten Christen. In 2. Korinther 11,24–28 bekommen wir einen kleinen Einblick in die Dinge, die Paulus aufgrund seiner Entschlossenheit, das Evangelium auszubreiten, erleiden musste.

- Er erhielt neununddreißig Schläge. Das machten die Juden fünfmal mit ihm ... und das in der Synagoge!
- Er wurde mit Ruten geschlagen. Großen Stöcken oder Peitschen. Dies passierte dreimal.
- Er wurde «zu Tode» gesteinigt. Oder zumindest, bis er so blutig und zerfleischt war, dass der Mob dachte, er wäre tot.
- Er erlitt Schiffbruch. Vierundzwanzig Stunden lang musste er auf offener See Wasser treten.
- Er war ständig auf Reisen. (Glaub mir, das kann einen ganz schön zermürben.)
- Er war in steter Gefahr durch Flüsse, Räuber, religiöse Fanatiker und Römer. Paulus musste sich ständig nach hinten umschauen.
- Er war erschöpft von harter Arbeit und Schlafmangel.

■ Er musste über lange Strecken ohne Essen und Trinken auskommen.

■ Ohne Obdach verbrachte er viele kalte Nächte unter freiem Himmel.

■ Täglich stand er unter der emotionalen, geistigen und geistlichen Belastung der Fürsorge für alle Gemeinden.

Abgesehen von diesen Dingen hatte Paulus es natürlich ganz leicht! Spaß beiseite, auf Gottes Ruf in seinem Leben zu antworten, bedeutete für ihn, dass er einen schweren Weg gehen musste. Er zahlte einen hohen Preis für seine Hingabe an Jesus. Hier also die Hundert-Euro-Frage: *Hatte Paulus in diesen Zeiten jemanden bei sich?*

Die Antwort lautet: Ja. Paulus hatte das Glück, dass es Reisegefährten und Dienstpartner gab, die manchen Sturm mit ihm durchstanden. Es waren Freunde, die bereit waren, an seiner Seite zu sein, wie schlimm die Lage auch werden mochte. Zu dieser Bruderschaft gehörten Dr. Lukas (der das Lukas-Evangelium und die Apostelgeschichte schrieb), Tychikus (der Paulus ein treuer Diener war), Onesimus (ein ehemaliger Sklave), Markus (siehe Kapitel acht), Justus (dessen eigentlicher Name Jesus war), Epaphras (ein Gebetskämpfer) und Aristarch (aus Thessalonich – eigentlich Thessaloniki). Wüssten wir mehr über die Hintergründe dieser Männer, so könnten wir über ihre Abenteuer bestimmt mehrere Bücher schreiben und eine Miniserie daraus machen. Aber ich habe nur ein Kapitel zur Verfügung, und deshalb werde ich dir nur von einem dieser großartigen Männer erzählen: Aristarch.

Bad in der Menge

Ich wette, von diesem Typen hast du noch nie gehört – und ich bin ganz sicher, dass keiner deiner Freunde nach ihm benannt ist. Doch Aristarch war ein treuer Nachfolger Christi, der sich irgendwann dem Reiseteam des Paulus anschloss. Vielleicht hatte Paulus ihn in Thessaloniki zu Christus geführt, in einer Zeit, als es sehr unpopulär war, ein Christ zu sein. Die zivilisierte Welt befand sich in totaler geistlicher Finsternis und hatte noch nicht einmal den Namen von Jesus gehört. Wo immer Paulus also hinkam, brach er neuen Boden für das Evangelium auf – oder besser, er *nahm neuen Boden ein.*

Paulus' Missionsarbeit war fast wie Krieg, wenn er in Städte kam, die tief im Heidentum verwurzelt waren. Dies war das Territorium des Teufels. *Sein* Gebiet. Jede Stadt und jede Provinz standen unter seiner Herrschaft. Als dann Menschen sich Christus zuzuwenden begannen, mussten sie ihrer alten Lebensweise ein Ende machen. Bei manchen wirkte sich diese Lebensveränderung auch auf ihr Einkommen und ihren Lebensunterhalt aus, besonders bei denen, die von heidnischen Praktiken lebten. In Ephesus zum Beispiel trug eine Gruppe von Zauberern, die zu Christus gekommen waren, all ihre magischen Utensilien und Schriften zusammen und machte damit ein riesiges Feuer (ohne Marshmallows). Jemand, der dabeistand, berechnete den Wert jener Schriftrollen auf fünfzigtausend Silberstücke – etwa anderthalb Millionen Euro! Das erregte einiges Aufsehen bei anderen Geschäftsleuten in der Stadt.

Einer davon war ein Silberschmied namens Demetrius, der kleine silberne Artemistempel herstellte (Artemis war eine der wichtigsten Göttinnen der Epheser). Er berief eine Versammlung seiner Freunde ein, die ebenfalls in der Götzenbilderbranche tätig waren, und argumentierte, Paulus müsse am Predigen gehindert werden, denn Artemis werde womöglich «in Vergessenheit geraten» (Apostelgeschichte 19,23–27). Dazu bekam er ein herzhaftes «Amen, so geschehe es!». Dann fügte er bei, sie würden womöglich alle ihre Arbeitsplätze verlieren, da Paulus mit seiner evangelistischen Kampagne schlecht fürs Geschäft sei. Und damit hatte er auch teilweise recht. Die Versammlung artete zu einem großen Aufruhr gegen Paulus aus. Der Lärmpegel stieg, und die Menge schwoll an. Die kleine Geschäftsbesprechung entwickelte sich zum Stadtgeschehen. Und dann wurde es ganz heftig.

Es kam zum Tumult.

Vielleicht hast du schon einmal den Ausdruck «Herrschaft des Pöbels» gehört, mit dem beschrieben wird, was passiert, wenn eine Menschenmenge außer Kontrolle gerät. Kurz gesagt ist ein Pöbel zu Dingen imstande, die Einzelne allein nur selten tun würden. Ein Pöbel kann plündern, rauben, Häuser in Brand stecken, gegen die Polizei kämpfen, ganze Wohngegenden zerstören und unschuldige Passanten angreifen. Wenn so etwas passiert, nimm lieber die Beine in die Hand und hau ab.

Ein Pöbel herrscht z. B. dann, wenn 25 000 europäische Fußballfans beschließen, gegen den Ausgang eines Spiels zu protestieren und dabei Leute tot auf der Strecke bleiben. Oder wenn 10 000 Konzertbesucher sich dichter an die Bühne drängen wollen und jemand dabei erdrückt wird. Oder wenn in einem Nachtclub ein Feuer ausbricht und Dutzende von Leuten totgetrampelt werden. Es ist der ungezügelte Wahnsinn. Das ist «Pöbelherrschaft».

Genau das passierte in Ephesus. Frustriert und außer sich vor Zorn ergriff die Menge zwei von Paulus' Reisegefährten – Gajus und unseren Aristarch – und zerrten sie ins Theater (oder reichten sie vielleicht auch über ihre Köpfe hinweg weiter bis dorthin). Es herrschte größte Verwirrung und das totale Chaos. Paulus war nicht dabei, aber als er davon hörte, versuchte er sofort, dorthin zu gelangen und zu helfen. Doch seine christlichen Freunde ließen ihn nicht (Apostelgeschichte 19,29–31).

Zwei Stunden lang schrie der wütende Pöbel immer wieder: «Groß ist die Artemis der Epheser!» (19,34). Zwei volle Stunden lang! (Ziemlich fanatisch, was?) Inzwischen wurde Aristarch als Geisel gehalten und wusste nicht, ob er jeden Moment gesteinigt, gefesselt und von einem Gebäude geworfen oder einfach nur wie ein Papierhandtuch zerrissen werden würde. Jedenfalls hatten er und Gajus reich-

lich Gelegenheit, darüber nachzudenken, wie gefährlich es war, mit Paulus befreundet zu sein.

Zum Glück schaltete sich schließlich ein städtischer Beamter ein, beruhigte die Menge und warnte sie, die Römer könnten sie alle wegen unnötigen Aufruhrs verhaften. Da gingen sie doch lieber nach Hause. Einfach so. War ja klar!

Also versammelte Paulus seine Mannschaft und brach in Richtung Mazedonien auf. Dort erfuhren sie von einem Mordkomplott gegen ihn, so dass Paulus seine Freunde allein vorausschickte, um sie außer Gefahr zu bringen (20,5).

Tumulte. Mordkomplotte. Ungewissheit. Mit Paulus unterwegs zu sein, war damals ungefähr so, als ob man heute in einem radikal-islamischen Land öffentlich das Evangelium predigen würde. Hört sich das gefährlich an?

Doch trotz dieser Risiken machte Aristarch sich nicht aus dem Staub. Er blieb bei Paulus.

«Ich gebe dir Deckung»

Jahre später hören wir, dass Aristarch immer noch mit Paulus unterwegs war – von Stadt zu Stadt, von Region zu Region – und die Nachricht verbreitete, auf die die Welt so sehnlich wartete: die Nachricht von Liebe, Vergebung und ewigem Leben durch Jesus Christus. Doch Aristarch dachte bestimmt nie daran, den Beruf zu wechseln. Sein Job bei Paulus verschaffte ihm in wenigen Jahren mehr Abenteuer und Herausforderungen, als die meisten Leute in ihrem ganzen Leben haben. Sie wussten nie, was sie erwarten würde, wenn sie in eine Stadt kamen – es konnte ein Empfangskomitee sein oder eine wütende Menschenmenge.

Im Lauf der Zeit kamen die beiden zusammen ganz schön herum. (Hätte es doch nur damals schon «Viel*segler*programme» gegeben!) Aristarch wusste, dass die Missionsarbeit mit dem Apostel Paulus kein Beruf war, der ihm Reichtum, eine gute Krankenversicherung oder viele Vergünstigungen einbringen würde. Ganz im Gegenteil. Mit Paulus zu reisen bedeutete, dass man dieselben Strapazen erdulden musste, denen auch Paulus ausgesetzt war. Aristarch bekam als Missionar auch seine Schrammen ab. Aber es lohnte sich um des Evangeliums willen. Und es lohnte sich um seines Freundes Paulus willen, des Mannes, der ihm damals zu Hause in Thessaloniki die gute Nachricht mitgeteilt hatte.

Aristarch schuldete Paulus etwas. Deshalb passte er auf ihn auf. Er stand *neben* ihm. Er stand *hinter* ihm. Er stand *für* ihn ein. Zweifellos hätte Aristarch für Paulus sein Leben geopfert. Weil Aristarch an Christus glaubte, wusste er instinktiv, was Jesus meinte, als er zu seinen Jüngern sagte: «Niemand liebt mehr als einer, der sein Leben für die Freunde hingibt» (Johannes 15,13). Aristarch kümmerte sich um Paulus, oder, wie wir heute sagen würden: *Er gab ihm Deckung.*

Paulus folgte Christus, und dasselbe tat Aristarch, so dass er kein Problem damit hatte, Paulus zu folgen, wo immer er hinging. Schon lange hatte Paulus sich gewünscht, das Evangelium nach Rom zu bringen, den Nabel der Zivilisation des ersten Jahrhunderts. Paulus wusste, wenn die Saat des Evangeliums erst einmal in Rom ausgesät war, konnte es sich überall dorthin ausbreiten, wohin sich das Römische Reich erstreckte – bis nach Spanien und darüber hinaus in neue Regionen. Die Gläubigen in jenen Ländern konnten das Evangelium in den Rest der Welt hinaustragen. So dachte Paulus, und Rom war der Schlüssel zu seiner Vision.

Übrigens, schau mal in den Geschichtsbüchern nach. Genauso ist es nämlich auch gekommen. Von Rom aus ging das Evangelium nach Norden, nach Spanien und darüber hinaus. Schließlich erreichte es das heutige England. Von dort aus überquerte es den Ozean zu einem winzigen Kolonisationsexperiment namens «Amerika».

Zellengenossen

Als Paulus schließlich nach Rom gelangte, kam er nicht als Tourist dorthin – also nicht, um durch die Straßen zu schlen-

dern, die Architektur zu bewundern und mit einer Wegwerfkamera Schnappschüsse zu machen. Stattdessen hatte er schon bald nach seiner Ankunft in der italienischen Hauptstadt eine Kette um den Hals. Verhaftet wegen seiner Predigttätigkeit und weil er ein «Unruhestifter» war, stand Paulus die nächsten paar Jahre unter Hausarrest. Das übrige Europa würde er nie zu Gesicht bekommen. Ja, er sollte Rom nie wieder verlassen.[2] Seine Reisezeit war offiziell beendet. Es war Zeit, seinen Koffer einzumotten. Die letzten Tage seines Lebens würde er in Gefangenschaft verbringen.

Doch obwohl Cäsar ihn einsperren konnte, gelang es dem Kaiser nicht, die Ausbreitung des brennenden Glaubens des Paulus einzudämmen. Aus seiner Haft schrieb der Apostel mehrere «harmlose» Briefe. Adressiert an seine Freunde in Städten quer durch Kleinasien, löste seine Korrespondenz die weltweite Ausbreitung des Christentums aus. Du findest diese Briefe in deiner Bibel. Und noch heute, zweitausend Jahre später, bringen sie uns immer noch die Wahrheit Gottes nahe.

Freilich konnte Paulus nicht wissen, dass seine Schriften eine solche Wirkung in der Welt haben würden. Er saß gefangen und wartete darauf, entweder begnadigt oder hingerichtet zu werden, und wusste nicht, ob er leben oder sterben würde. Doch zumindest hatte er Freunde wie Aristarch an seiner Seite.

Okay, aber warum ist Aristarch im Loser-Club? Nun, soviel wir wissen, hat er nie große Predigten gehalten oder Bücher geschrieben. Er hat nie einen Weltrekord aufgestellt oder einen Nummer-1-Hit gelandet. Er war wirklich ein *Niemand*. Nur ein Reisegefährte. Ein Mitarbeiter und Mitgefangener. Ein treuer Arbeiter. Er brachte in seinem Leben eigentlich nichts zustande, außer in Paulus' Nähe zu bleiben und sein Freund zu sein.

Aber genau deswegen gehört er zum Club. Das ist es, was ihn als Mit-Loser qualifiziert.

---

2   Es gibt jedoch Hinweise dafür, dass Paulus doch noch einmal freikam und sogar eine Missionsreise nach Spanien unternahm. [Der Verlag.]

Auf deinem Weg durch dieses kurze Leben werden manche deiner Freunde Klassenkameraden sein. Andere werden Mannschaftskameraden oder Arbeitskollegen sein. Aber letzten Endes, wenn deine Reisezeit vorüber ist, wirst du zurückblicken und erkennen, dass nur ganz wenige von ihnen wahre «Zellengenossen» waren. Du wirst erkennen, dass du ohne sie nicht zu der Person geworden wärst, die du bist.

Darf ich dir einen Vorschlag machen? Warte nicht ab, bis du in Gefangenschaft sitzt und wartest und nicht weißt, ob du begnadigt oder hingerichtet wirst. Würdige heute die Freunde, die Gott dir gegeben hat. Danke dem Vater gleich jetzt für diese kleine Schar von Gläubigen, die nötigenfalls mit dir durchs Feuer gehen würden. Besser noch, wie wär's, du selbst würdest anderen ein solcher Freund werden – verlässlich, treu, loyal, eine ständige Quelle der Ermutigung?

Wenn du das tust, wirst du Aristarch sehr ähnlich sein: ein Freund, der näher ist als ein Bruder.

Aristarch war wirklich ein Niemand. Nur ein Reisegefährte. Ein Mitarbeiter und Mitgefangener. Ein treuer Arbeiter. Er brachte in seinem Leben eigentlich nichts zustande, außer in Paulus' Nähe zu bleiben und sein Freund zu sein. Aber genau deswegen gehört er zum Club. Würdige heute die Freunde, die Gott dir gegeben hat. Danke dem Vater für Freunde, die nötigenfalls mit dir durchs Feuer gehen würden. Besser noch, werde selbst anderen ein solcher Freund.

EPHESUS   Gefängnis   ROM

CHAPTER 12

Der Himmel applaudiert stehend

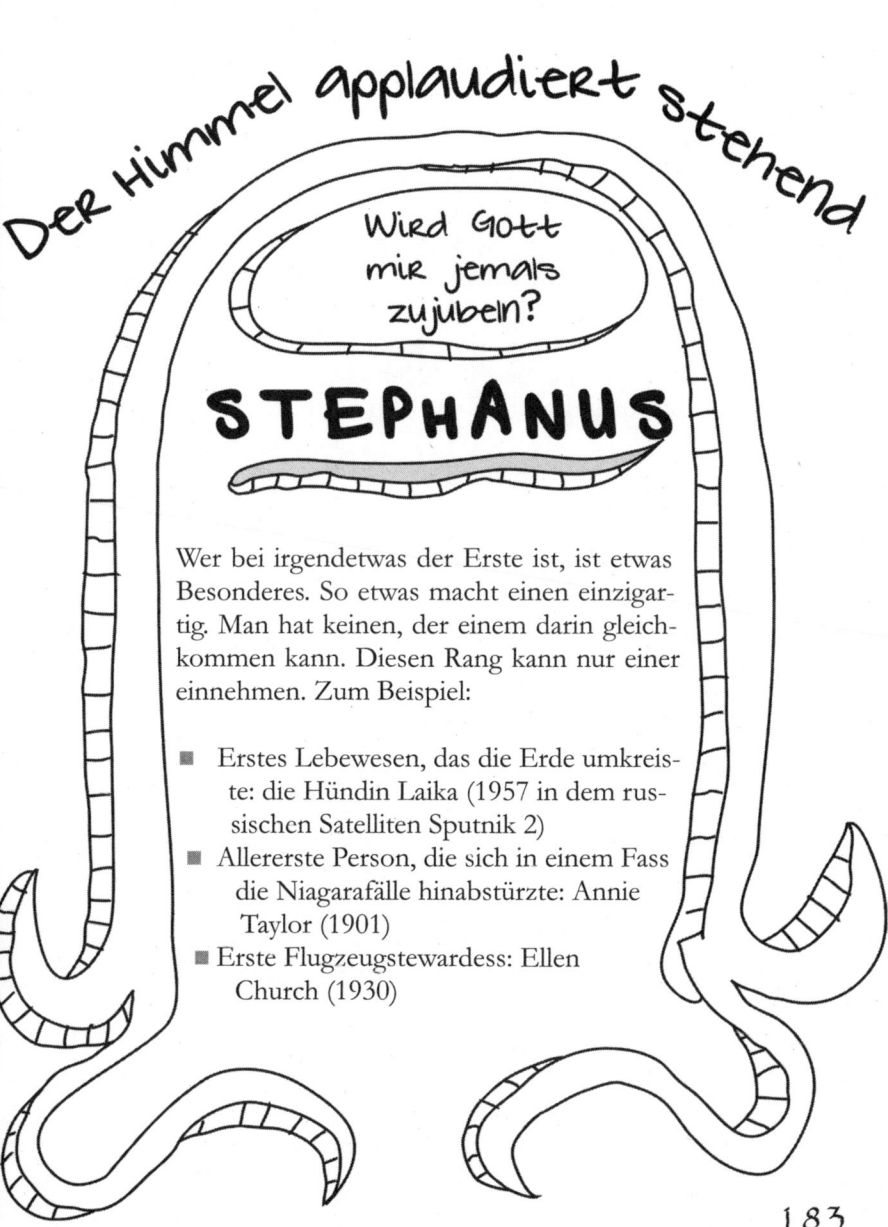

Wird Gott mir jemals zujubeln?

STEPHANUS

Wer bei irgendetwas der Erste ist, ist etwas Besonderes. So etwas macht einen einzigartig. Man hat keinen, der einem darin gleichkommen kann. Diesen Rang kann nur einer einnehmen. Zum Beispiel:

- Erstes Lebewesen, das die Erde umkreiste: die Hündin Laika (1957 in dem russischen Satelliten Sputnik 2)
- Allererste Person, die sich in einem Fass die Niagarafälle hinabstürzte: Annie Taylor (1901)
- Erste Flugzeugstewardess: Ellen Church (1930)

- Erster Junge, der bei den Pfadfindern den Rang eines «Eagle Scout» erlangte: Arthur R. Eldred (1912)
- Erste Miss America: die sechzehnjährige Margaret Gorman (1921)
- Erstes geklontes Tier: das Schaf Dolly (1996)

Kommst du dir jetzt schlauer vor? Erleuchtet? Beeindruckt? Bereit für eine Runde der Quizshow «Jeopardy»? Okay, vielleicht gehören diese Beispiele in die Kategorie: «Na und?» Zugegeben, deswegen wird keiner nachts wach liegen, obwohl ich sicher bin, dass es auch Leute gibt, denen diese Daten etwas bedeuten.

Andere «Premieren» sind schon bedeutender und erregen mehr Interesse bei den Menschen. Dinge, die in den Geschichtsbüchern stehen, wie zum Beispiel:

- Erster Mensch auf dem Mond: Neil Armstrong (1969)
- Erste Frau, die ins amerikanische Repräsentantenhaus gewählt wurde: Jeannette Rankin (1916, Montana)
- Erster schwarzer Baseballspieler in der Major League: Jackie Robinson (1947)
- Erster Mensch, der den Gipfel des Mount Everest erreichte: Sir Edmund Hillary (1953)
- Erster Sportler, der eine Meile in unter vier Minuten lief: Sir Roger Bannister (1954)
- Erster Pilot, der im Alleinflug den Atlantik überquerte: Charles Lindbergh (1927)

Der Erste zu sein, bringt freilich oft Risiken mit sich und erfordert Opfer. Es bedeutet, ein Bahnbrecher zu sein, ein Pionier. Der Erste zu sein kann heißen, dass man Spott, Isolation, Einsamkeit, Ausstoßung und sogar den *Tod* erleidet.

Heute schätzt man, dass jedes Jahr ungefähr fünftausend Christen wegen ihres Glaubens getötet werden. Das Alte Testament nennt viele, die wegen ihres Glaubens an Jahwe starben, aber noch niemand war wegen seines Glaubens an Christus getötet worden.

Dann kam Stephanus.

Er war der erste offizielle christliche *Märtyrer*, ermordet von einem wütenden Pöbel, weil er für Jesus einstand. Aus diesem Grund hat er in der christlichen Geschichte einen Ehrenplatz inne.

Als «Caesar» noch mehr als nur ein Salat war

Um Stephanus richtig zu würdigen, müssen wir die Zeiten verstehen, in denen er lebte. Das Christentum war noch etwas relativ Neues – so neu, dass es erst eine einzige Gemeinde gab! Ja, es hieß noch nicht einmal «Christentum». In jenen frühen Jahren nannte man es einfach «der Weg» (Apostelgeschichte 9,2; 19,9 und 23; 22,4; 24,14 und 22; vgl. Elberfelder Bibel und Einheitsübersetzung). Die meisten frühen Nachfolger Jesu waren Juden, und für sie war die Tatsache, dass sie nun Teil des Römischen Reichs waren, gewissermaßen sowohl eine gute als auch eine schlechte Neuigkeit. Gut, weil die mächtige römische Armee sie vor dem Eindringen fremder Mächte schützte. Rom hatte in der Welt einen weitgehenden Frieden hergestellt – es hatte durch den Bau von Straßen das Reisen erleichtert und den Handel einträglicher gemacht. Fast im ganzen Reich wurde eine gemeinsame Sprache gesprochen (Griechisch), was es leichter machte, mit Leuten aus anderen Ländern zu kommunizieren. Ein Bonus für die Juden war, dass es ihnen sogar erlaubt war, ihre eigene Religion zu praktizieren.

Die *schlechte* Neuigkeit war, dass das gesamte Land unter der Kontrolle der römischen Behörden stand. Man war gezwungen, allen römischen Gesetzen zu gehorchen und hohe

Steuern zu zahlen. Solange man sich fügte, passierte einem nichts. Doch wehe, Rom fühlte sich bedroht; dann konnte man ganz schnell einen Kopf kürzer gemacht werden.

Moralisch gesehen war die antike römische Kultur genauso dekadent wie unsere. Nein, Pornografie und Sex im Internet gab es damals noch nicht. Aber überall sonst schon – auf dem Markt, in den heidnischen Tempeln, in den Theatern und in den Arenen. Du kannst dir vorstellen, dass es für Christen eine ziemliche Herausforderung war, in einer solchen Kultur rein zu bleiben.

Aber es gab noch eine weitere Schwierigkeit für jene frühen Christen. Diese Herausforderung ging nicht von Rom aus, sondern von den Frommen im eigenen Land. Die Mehrzahl der Christen kam aus dem Judentum zu Christus, aber nicht alle Juden wurden Christen. Für die meisten Juden war das Jüdischsein viel mehr als nur 'ne Religion. Es beinhaltete ebenso ihre Rasse, ihre Kultur und ihre gesellschaftlichen Bräuche. Ihre ganze Identität hing damit zusammen, dass sie jüdisch waren, mit anderen Juden verkehrten und das Judentum praktizierten. In ihrem Denken gab es keinen Platz für diese neuen Christen, die als Juden geboren waren, sich aber nicht der jüdischen Subkultur anpassen wollten. Infolgedessen wollten manche jüdischen religiösen Führer es nicht tolerieren, wenn jemand den eigenen Glauben für diese neue «Sekte» aufgab, die einen toten Rabbi verehrte. Ja, sie gingen bisweilen sogar ziemlich brutal dagegen vor.

Futterneid

In diesem religiösen Umfeld erlebte die Gemeinde Jesu ihren ersten internen Konflikt. Es passierte Folgendes: Die Jerusalemer Gemeinde wuchs so schnell, dass die Apostel nicht allen Bedürfnissen gerecht werden konnten. In der Gemeinde mischten sich neubekehrte hellenistische Juden, die von außerhalb Israels gekommen waren, mit judäischen Juden. Die Gläubigen aus Jerusalem hielten sich für *besser* als die aus der Diaspora. Die Folge war, dass arme hellenistische Witwen bei der täglichen Essensverteilung übergangen wurden. Sie fühlten sich wie Opfer einer Diskriminierung. Das gefiel ihnen gar nicht.

Also trafen sich die Apostel und setzten sieben Männer ein, die sich um diese Angelegenheit kümmern sollten. Einer dieser Männer war Stephanus, der wahrscheinlich auch eine hellenistische Herkunft hatte (also nicht aus Judäa stammte). Die Apostel sahen etwas in ihm, das ihn für diese Aufgabe in Betracht kommen ließ. In Apostelgeschichte 6,5 wird Stephanus beschrieben als ein «Mann mit festem Glauben und erfüllt mit dem Heiligen Geist». Mit anderen Worten, er war ein Kerl wie Samt und Seide. Er und seine sechs Kollegen versahen treu ihre Aufgabe, den Bedürftigen zu dienen und Lebensmittel zu verteilen. Die Apostel wandten sich wieder ihrer Verkündigung zu. Problem gelöst. Ende der Geschichte, oder? Nicht ganz.

Offenbar hatte Gott für Stephanus noch einen anderen Dienst über seinen Job als Gemeindekellner hinaus. Die Bibel sagt, er «vollbrachte öffentlich durch Gottes Gnade und Kraft große Zeichen und Wunder» (Apostelgeschichte 6,8). Wir wissen nicht genau, was das für Wunder waren, aber vermutlich waren eine Menge Heilungen dabei. Jedenfalls waren diese Aktivitäten einigen unbekehrten Juden, die sich die «Freigelassenen» nannten, ein mächtiger Dorn im Auge. Sie begannen mit ihm zu streiten (was religiöse Leute ja so gerne tun), aber sie waren der Vollmacht und Weisheit seiner Argumente nicht gewachsen. Also überredeten sie einige Männer, Lügen über Stephanus zu verbreiten, und hofften, er würde verhaftet werden.

Das funktionierte auch.

Stephanus wurde den mächtigsten jüdischen Führern in Jerusalem vorgestellt. Der Sanhedrin war ein Rat aus einundsiebzig Hohenpriestern, Ältesten, Schriftgelehrten und Rechtsgelehrten. Er war so etwas wie die jüdische Version des

Bundesverfassungsgerichts. Stell dir vor, du musst vor ein so Furcht einflößendes Gremium treten und Zeugnis ablegen! Doch statt vor Furcht zu zittern, stand Stephanus selbstbewusst da, und sein Gesicht strahlte «wie das eines Engels» (6,15).

Er legte sein Zeugnis ab, indem er ihnen eine gründliche Lektion in jüdischer Geschichte erteilte. Seine Rede ist sogar die längste Predigt in der Apostelgeschichte! Jede Wette, dass diese Gelehrten und Führer nicht begeistert davon waren, von diesem Grünschnabel einen religiösen Vortrag gehalten zu bekommen.

Gegen Ende seiner Botschaft fing Stephanus dann richtig an, ihre Nerven bloßzulegen, indem er Dinge sagte, die sie zur Raserei brachten. Als Erstes behauptete er, Gott wohne nicht in einem von Menschen erbauten Haus (Apostelgeschichte 7,48–49). Mit anderen Worten, so etwas wie «das Haus Gottes» gab es überhaupt nicht mehr. Stattdessen wohnte Gott im Herzen der Menschen, und ihr Leib war sein Tempel (siehe 1. Korinther 6,19).

Für Juden waren der Tempel und die Anbetung Gottes ein und dasselbe, und deshalb brachte Stephanus' Aussage sie auf die Palme. Zweitens sagte er ihnen, sie seien ein rebellisches, stolzes Volk, das Gott nicht kenne (Apostelgeschichte 7,51). Drittens warf er ihnen vor, die Propheten ermordet zu haben, die das Kommen des Messias angekündigt hatten (7,52). Damit konnte er auch keine Popularitätspunkte gewinnen. Schließlich hielt er ihnen vor, sie hätten den unschuldigen Sohn Gottes verraten (7,52).

Okay, zum Klassensprecher würden diese Leute den Stephanus wohl kaum wählen, und ihn zu einer Runde Golf im Country Club einladen wohl auch nicht.

Ganz im Gegenteil. Als sie das hörten, waren sie außer sich vor Wut (wörtlich: Ihre Herzen wurden «durchbohrt»), und sie fingen an, mit den Zähnen gegen ihn zu knirschen (7,54; Elberfelder Bibel)! Kannst du dir diese Männer vorstellen, so wütend auf Stephanus, dass sie mit den Zähnen knirschten? So außer sich, dass sie bereit sind, ihn hinaus vor die Stadt zu zerren und an Ort und Stelle zu steinigen? Das nenne ich Aggressionspotenzial.

Steh da gerade, wo du lebst

Du hast vielleicht schon von Leuten gehört, die kurz vor ihrem Tod ein helles Licht oder himmlische Szenen schildern, die sie sehen. Andere sprechen von einem nie gekannten Empfinden des Friedens. Natürlich kann niemand beweisen, dass diese Erlebnisse echt sind. Aber wie es scheint, muss wohl auch Stephanus ein solches Erlebnis gehabt haben, als er zum Himmel aufblickte und eine Vision sah: «Ich sehe den Himmel offen … und Jesus, den Menschensohn, auf dem Ehrenplatz an der rechten Seite Gottes stehen!» (Apostelgeschichte 7,56).

Stephanus würde gleich sterben, und das wusste er. Für manche Leute ist das Wissen, dass ihr Leben auf der Erde kurz vor dem Ende steht, etwas Erschreckendes. Für Stephanus dagegen war die Erkenntnis, dass der Tod an seine Tür klopfte, gar kein so schwarzer Gedanke. Für ihn war der grausige Sensenmann gar nicht so grausig. Stattdessen war sein Geist erfüllt vom Anblick seines Erlösers. Doch Jesus wird hier anders beschrieben als sonstwo in der Bibel. Obwohl die meisten Schilderungen, die Jesus nach der Auferstehung zei-

gen, ihn als sitzend auf dem «Ehrenplatz an seiner [des Vaters] rechter Seite» (Epheser 1,20) darstellen, *steht* Jesus hier; eine Haltung, die wir nur an zwei anderen Stellen der Bibel sehen (Offenbarung 5,6; 14,1).

Aber warum?

Ich glaube, Jesus stand, um Stephanus zu Hause im Himmel willkommen zu heißen. Was könnte es schließlich Besseres geben, als nach einer langen Reise endlich zu Hause anzukommen? Und dieser geliebte Bruder würde jeden Moment in die Einfahrt rollen. Und Jesus selbst – *nicht* Petrus! – stand am Himmelstor, um ihn zu begrüßen.

Ich denke, es gibt noch einen zweiten Grund, warum Stephanus Jesus stehen sieht. Ich glaube, Jesus steht, um Stephanus zu *ehren*. Es ist ein stehender Applaus – *Standing Ovations* –, so als wollte Jesus sagen: «Stephanus, du hast für mich geradegestanden, also tue ich jetzt dasselbe für dich. Du hast dich vor den Menschen auf der Erde zu mir bekannt, und jetzt bekenne ich mich vor dem Himmel zu dir» (siehe Matthäus 10,32; Lukas 12,8). Jesus zeigte allen, dass Stephanus ein Mann war, der Ehre verdient hatte.

Stephanus war angesichts eines enormen Drucks seiner Zeitgenossen und heftiger persönlicher Anfeindungen standhaft geblieben. Es wäre leichter gewesen, sich einem gottlosen Herrscher oder einem römischen Schwert zu stellen, als von seinem eigenen Volk verfolgt zu werden. Doch Stephanus gab nicht klein bei. Er wich nicht zurück und zuckte mit keiner Wimper. Stattdessen schaute er seinen Gegnern in die Augen und sagte den Menschen, die die Macht hatten, ihn zu töten, die Wahrheit.

Stephanus blieb standhaft. Indem er das tat, bewies er an seinem Leben die Wahrheit der Worte Jesu: «Alle Welt wird euch hassen, weil ihr euch zu mir bekennt. Aber wer bis zum Ende durchhält, wird gerettet» (Matthäus 10,22).

Offensichtlich hatte Stephanus jetzt schon verinnerlicht, was der Apostel Paulus später einmal schreiben würde: «Meine lieben Brüder und Schwestern, bleibt fest und unerschütterlich in eurem Glauben! Setzt euch mit aller Kraft für den Herrn

ein, denn ihr wisst: Nichts ist vergeblich, was ihr für ihn tut»
(1. Korinther 15,58).

Woher hatte Stephanus so viel Zuversicht, dass er für seinen Glauben geradestehen konnte? Wie hat er das gemacht?
Nun, Stephanus hatte eine *Perspektive* für das Leben und eine
Leidenschaft für Gott und sein Wort, wie nur wenige Leute sie
heute haben. Er wusste, dass das Leben kurz war und dass
nur eines wirklich zählte: dem Namen Jesu Christi Ehre zu
machen.

Für Stephanus war Jesus nicht nur ein Teil seines Lebens.
Jesus *war* sein Leben. Wie Paulus lebte Stephanus nach dem
Motto: «Denn Christus ist mein Leben und das Sterben für
mich nur Gewinn» (Philipper 1,21). Jesus war für ihn *alles*, und
nichts anderes kam ihm auch nur nahe. Wenn er sich durch
seinen Glauben unbeliebt machte, wen kümmert's? Wenn er
in Schwierigkeiten kam, weil er die Wahrheit sagte, und wenn
schon? Wenn sein Einstehen für Christus eine Beziehung zerbrechen ließ, na und?

Stephanus kannte die Bibel und fürchtete sich nicht, anderen die Wahrheit entgegenzuhalten. Wenn sie ihm nicht zu-
stimmten, was soll's? Stephanus war nicht darauf aus, es diesen
Leuten recht zu machen, obwohl ihm viel an anderen lag. Er
wünschte sich, dass sie Jesus kannten, so wie er es tat. Und
wenn das Einstehen für Jesus bedeutete, dass er leiden musste,
dann war es eben so. Stephanus dachte da vollkommen eingleisig. Wie ist es mit dir?

Stein auf Stein ... und noch mehr Steine!

Als Stephanus seine Vision von Jesus zur Rechten
Gottes im Himmel beschrieb, geriet der Rat erst
recht in Raserei. Die Männer hielten sich die
Ohren zu, fingen an zu schreien

und stürzten sich auf ihn (Apostelgeschichte 7,57). In einem Moment fast unvorstellbarer Brutalität verwandelte sich dieser ehrenwerte Rat in einen Haufen selbsternannter Richter, Geschworener und Henker.

Nachdem sie ihn hinaus vor die Stadt gezerrt hatten, fingen sie an, ihn zu steinigen – eine brutale Hinrichtungsmethode, die in manchen Ländern auch heute noch praktiziert wird. Jeder Beteiligte hob alle Steine auf, die er finden konnte, und schleuderte sie mit aller Kraft auf den Delinquenten. Da der Betreffende ja den Tod verdient hatte, war es egal, wie grausam oder brutal er getroffen wurde. Ein Treffer am Kopf wurde besonders bejubelt, da das Ziel darin bestand, den Schädel zu zerschmettern. Die ganze Bevölkerung war gehalten, zu kommen und zuzuschauen, zur Warnung vor den Folgen des Ungehorsams. Der Gesteinigte erlitt Abschürfungen, Prellungen, Quetschungen, tiefe Fleischwunden, Knochenbrüche, schwere Blutverluste und verlor schließlich auch sein Leben. Es ist eine grauenhafte, qualvolle Art zu sterben.

Stell dir vor, wie das Adrenalin durch Stephanus' Körper schoss, als er mit Hunderten scharfkantiger Steine bombardiert wurde. Er hatte keine Chance, sich zu schützen oder den Aufprall der Steine abzuwehren. Im Hagel der Steine, den Hass hinter jedem schmerzhaften Treffer spürend, wusste Stephanus, dass dies das Ende war. Und er betete: «Herr Jesus, nimm meinen Geist zu dir!» Dann fiel er auf die Knie (anscheinend hatte er bis dahin die ganze Zeit noch gestanden!) und rief laut: «Herr, vergib ihnen diese Schuld!» (Apostelgeschichte 7,59–60).

Dann starb er.

Berühmte letzte Worte, die ein eindrückliches Zeugnis davon sind, worum es im Christentum geht. Was für ein unglaublicher Abgang! Er schrie nicht: «Halt! Ich bin unschuldig!» Oder: «Dafür wird Gott euch strafen!» Oder auch nur: «Hilfe!»

Hätte er es getan, wer hätte es ihm verdenken können?

Stattdessen brachte Stephanus zwischen den qualvollen Aufschlägen der todbringenden Steine einen letzten Satz heraus, Worte, die an das erinnerten, was Christus selbst am Kreuz gesagt hatte: «Vater, vergib ihnen, denn sie wissen nicht, was sie tun!» (Lukas 23,34).

Wenn Stephanus in seinem Leben das Ziel verfolgte, seinem Herrn ähnlich zu werden, dann hat er es jedenfalls erreicht. In einem Moment, in dem die meisten Menschen ausgeflippt wären und auf Hass mit Hass geantwortet hätten, floss Stephanus' Herz über mit dem Markenzeichen des christlichen Glaubens: Liebe.

Sein Tod geriet zum höchsten Ausdruck seiner Anbetung – und so wurde er der erste Christ, der sein Leben für Jesus verlor. Doch Stephanus' Tod bedeutete mehr als nur die Tatsache, dass er der erste Märtyrer wurde. Wie eine Meute wilder Tiere hatte die wütende fromme Menge Geschmack am Blut der Christen bekommen. Infolgedessen setzte noch am selben Tag «eine schwere Verfolgung der Gemeinde in Jerusalem ein. Alle außer den Aposteln flohen in die Landbezirke Judäas und Samariens» (Apostelgeschichte 8,1).

Vielleicht erinnerst du dich, dass Jesu letzte Anweisung an seine Jünger lautete, die gute Nachricht von ihm «in Jerusalem und Judäa, in Samarien und auf der ganzen Erde» bekannt zu machen (Apostelgeschichte 1,8). Dennoch waren die Jünger seit dem Tag, als Jesus in den Himmel zurückgekehrt war, in der relativen Sicherheit Jerusalems geblieben. Hier waren sie zu Hause, und sie waren zufrieden damit, zusammenzubleiben und sich zum gemeinsamen Gottesdienst zu treffen.

Aber damit waren sie ungehorsam.

So nutzte Gott dieses tragische Ereignis, und eine erbarmungslose Verfolgung brach über die Gemeinde herein. Und durch diese Verfolgung zerstreuten sich die Christen – wohin? «In die Landbezirke Judäas und Samariens.» Hmm. Zufall? Ich glaube kaum.

Eine weitere «Strähne»

Über hundert Jahre nach Stephanus' Martyrium besuchte ein hochgebildeter Mann namens Tertullian die Gladiatorenspiele. Dabei kämpften Männer bis zum Tode, während andere lebendig von Löwen aufgefressen wurden … alles zur Unterhaltung des Publikums. Während er zusah, wie ungebildete Männer und kleine Sklavenmädchen (allesamt Christen) auf diese Weise brutal abgeschlachtet wurden, begann sich Tertullian mit dem Christentum zu beschäftigen und kam bald darauf zum Glauben. Er setzte seine schriftstellerischen Fähigkeiten zur Verteidigung des Christentums ein und schrieb unter anderem diese Worte: «Das Blut der Märtyrer ist der Same der Gemeinde.»

Es ist ein Naturgesetz, das ebenso unerbittlich und beständig ist wie die Schwerkraft: Wo ein Christ sein Leben für Jesus gibt, wird die Gemeinde gestärkt, und mehr Menschen kommen zum Glauben. Blöd gesagt: Töte einen Christen, und zehn Menschen finden zum Glauben an Jesus (sorry, klingt jetzt schrecklich flapsig und taff …).

Stephanus' Tod führte zu einer örtlich begrenzten Verfolgung, durch die sich die Gemeinde zerstreute. Doch diese Zerstreuung führte zur weltweiten Ausbreitung des Evangeliums. Stephanus war nur deshalb bereit, für Christus zu *sterben*, weil er zuerst bereit war, für ihn zu *leben*. Wie die Ironie es will, bedeutet der Name *Stephanus* so viel wie *Krone*, und er war denn auch der Erste, der eine bekam. Und ein Teil seines Lohns waren *Standing Ovations* aus dem Himmel.

Ich erinnere mich an eine andere «stehende Ovation», viele Jahre später. Es war am 6. September 1995. In vieler Hinsicht war es ein Baseballspiel wie jedes andere im Camden-Yards-Stadion in Baltimore. Die Orioles spielten gegen die Angels. Und wie immer spielte Cal Ripken jr. bei den Orioles Shortstop. Nichts Ungewöhnliches so weit.

Doch dies war kein gewöhnliches Spiel. Mit dem Spiel des Vorabends hatte Cal Ripken den Rekord für die meisten hintereinander gespielten Major-League-Spiele eingestellt – 2130 Spiele, ein Rekord, den der legendäre Lou Gehrig geschafft hatte und der nun seit sechsundfünfzig Jahren bestanden hatte! Als also das fünfte Inning zu Ende ging und sein 2131. Spiel offiziell verbucht wurde, wurde Ripkens «Strähne» ein Fall für die Rekordannalen. Jeder einzelne der 46 272 Fans, die an diesem Abend zuschauten, erhob sich, um so den neuen «Iron Man» zu ehren.

Über zweiundzwanzig Minuten lang jubelten, klatschten und riefen sie, um ihn zu feiern. Es war mehr als nur ein Moment des Überschwangs. Es war ein Tribut an die Laufbahn eines legendären Spielers.

Ripken kam mehrere Male von der Auswechselbank zurück und tippte sich unter tosendem Applaus an die Mütze. Aber das reichte nicht. Die Leute wollten mehr, und so kehrte Cal widerstrebend noch einmal aufs Spielfeld zurück und drehte eine Siegesrunde um das Feld, während er im Laufen Hände schüttelte und «High Fives» klatschte. Das Spiel ging schließlich vier zu zwei für die Orioles aus, unterstützt durch einen Homerun von Ripken.

Hey du, Jesus Christus sitzt voller Anspannung im Himmel und wartet darauf, all diejenigen zu begrüßen, die ihm auf der Erde treu dienen. Und ich bin ganz sicher, dass er persönlich aufsteht, um jeden zu begrüßen, der für ihn geradegestanden hat.

Ich glaube, im Himmel wartet schon eine *Standing Ovation* nur auf dich.

Stephanus hatte eine Perspektive für das Leben und eine Leidenschaft für Gott und sein Wort, wie nur wenige Leute sie heute haben. Für Stephanus war Jesus nicht nur ein Teil seines Lebens. *Jesus war sein Leben.* Jesus war für ihn alles, und nichts anderes kam ihm auch nur nahe. Wenn er sich durch seinen Glauben unbeliebt machte, *wen kümmerte es?* Wenn er in Schwierigkeiten kam, weil er die Wahrheit sagte, *und wenn schon?* Wenn sein Einstehen für Christus eine Beziehung zerbrechen ließ, *na und?*

Stephanus dachte da vollkommen eingleisig. Wie ist es mit dir?

Ein letzter Gedanke

Machst du mit?

Angefangen hat dieses Buch mit der Geschichte von der Pechsträhne einer Highschool-Mannschaft, und beendet haben wir es mit der Geschichte eines siegreichen Major-League-Spielers. Und was für eine Strähne hast du? Vielleicht hast du bisher das Gefühl gehabt, als wärst du dein Leben lang immer nur auf der Verliererstraße gewesen. Oder vielleicht gehörst du auch zu den Leuten, denen irgendwie alles, was sie anfassen, zu gelingen scheint. Das ist auch in Ordnung. Aber irgendwann erleben wir alle einmal Zweifel und Misserfolge und haben das Gefühl, bedeutungslos zu sein. Das passiert uns in der Schule, zu Hause, bei der Arbeit, in der Mannschaft und in unseren Beziehungen. Es gehört einfach unvermeidlich zum Leben dazu.

Darum ist die wesentliche Frage diese: *Was wirst du tun, wenn dein Glaube schwach wird und du im Spiel des Lebens nichts mehr zustande bringst?* Ich hoffe, dieses Buch hat dir geholfen, ein paar Antworten auf diese Frage zu finden.

Außerdem hoffe ich, du hast auf unserem Streifzug durch die Höhen und Tiefen unserer Leidensgenossen in der Bibel ein paar neue Freunde gefunden – Frauen und Männer, die durch ihre eigenen Erfahrungen des Scheiterns gelernt haben, was es bedeutet, für eine größere Sache einzustehen (vgl. Matthäus 10,39). Ich bin sicher, dass du sie jetzt in 'nem anderen Licht siehst – nicht als perfekte Heilige, die niemals versagt haben oder niemals in Versuchung geraten sind, sondern als wirkliche Menschen, die sich genau wie du (und jeder andere auch) durch Zweifel und Entmutigungen hindurch näher zu Gott durchschlagen mussten.

Komisch, aber gerade diesen Leuten – neben den Armen, den geistlich Hungrigen, denen, die über Sünde und Versagen weinen, und den Verfolgten – verheißt Jesus das Reich Gottes. Alles in allem haben wir von den Losern der Bibel eine Menge gelernt:

- **Mose** hat uns gelehrt, dass Gott groß genug ist, um *jeden* gebrauchen zu können.
- **David** hat uns gezeigt, wie man ehrlich zu Gott ist, selbst an seinen dunkelsten Tagen.
- **Johannes der Täufer** hat uns zu verstehen gegeben, dass Zweifeln völlig in Ordnung ist.
- **Thomas** hat uns die Wichtigkeit der christlichen Gemeinschaft gelehrt.
- **Salomo** hat uns gezeigt, dass nur Gott uns glücklich machen kann.
- **Maria Magdalena** hat den Beweis erbracht, dass wir uns von der Vergangenheit nicht herunterziehen zu lassen brauchen.
- **Simson** hat uns aufgefordert, unser Potenzial voll auszuschöpfen.
- **Johannes Markus** hat uns ermutigt, uns selbst niemals aufzugeben.
- **Rahab** hat uns daran erinnert, dass man durch Gott ein wertvolles Vermächtnis hinterlassen kann.
- **Bartimäus** hat demonstriert, was es heißt, verzweifelt nach Gott zu schreien.
- **Aristarch** hat uns gezeigt, wie man ein treuer Freund ist.
- **Stephanus** hat uns herausgefordert, für die Sache Jesu einzustehen, auch wenn es unpopulär ist.

Im Grund haben diese zerbrechlichen Männer und Frauen uns gelehrt, *wie man lebt*. Ich hoffe, dir ist jetzt klar, dass es okay ist, ein Loser zu sein – und dass die Mitgliedschaft in diesem Club der einzig wahre Weg ist, um ein Champion zu werden. Diese Menschen aus Fleisch und Blut haben uns gezeigt, dass Siege oft unten im Tal errungen werden.

Uns allen macht diese Reise zu schaffen. Aber es sind nicht

die Kämpfe, die Schmerzen und die Misserfolge, aus denen sich unsere Identität definiert. Sondern es sind die *Fortschritte* zu Christus hin, die dich zu dem machen, der du bist.

Denk daran, du musst kein Profisportler werden, um jemand Großes zu sein. Du musst nicht berühmt, protzig oder fanatisch sein. Du brauchst nicht einmal der Erste zu sein.

Du brauchst nur eines: diesem liebenden Gott dein Leben anzubefehlen und ihn um seine Führung zu bitten.

Wirst du das tun?

Uns *allen* macht diese Reise zu schaffen. Aber es sind nicht die Kämpfe, die Schmerzen und die Misserfolge, aus denen sich unsere Identität definiert. Sondern es sind die *Fortschritte* zu Christus hin, die dich zu dem machen, der du bist.